SCHNITZEN
WIE DIE PROFIS

Das Schnitzbuch für Einsteiger

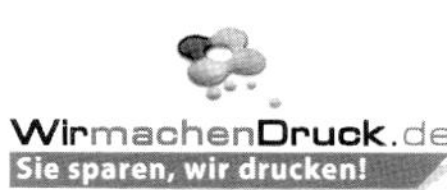

Email: info@edition-lunerion.de
www.edition-lunerion.de

Psiana eCom UG
Berumer Str. 44
26844 Jemgum

Inhalt

Vorwort

Ein hübsches Blumenrelief, Figuren für die Weihnachtskrippe oder eine abstrakte Statue als Blickfang im Wohnzimmer? Schnitzkunst ist nicht nur unendlich vielfältig, sondern begeistert seit Jahrtausenden Menschen auf der ganzen Welt – und wenn Sie damit gerne selbst Ihre Kreativität fließen lassen möchten, dann zeigt dieses Buch Ihnen step-by-step einen unkomplizierten Weg zum Holzkünstler!

Schöne Unikate für Haus und Garten entwerfen, die eigene kreative Ader ausleben oder einfach ein entspannendes Hobby mit Spaßfaktor entdecken – die Motivation, zum Schnitzmesser zu greifen, kann ganz unterschiedlich sein, doch wichtig ist immer: gute Technik systematisch und einfach erlernen, und genau das bietet Ihnen dieses Buch. Von der korrekten Holzwahl über das sichere Führen des Werkzeugs bis hin zu verschiedenen Schnitztechniken, Möglichkeiten der Holzveredelung und fantasievollen Projektideen tauchen Sie hier kompetent angeleitet immer tiefer in die traditionsreiche Kunst ein und entwickeln solides Können und Ihren ganz persönlichen Stil.

Ein Hobby mit Tradition

Holzschnitzen: ein Hobby mit Tradition. Nicht viele Hobbys haben eine so lange Tradition wie das Holzschnitzen. Seit Anbeginn der Zeit kreieren die Menschen Dinge aus dem Werkstoff Holz, nützliche Dinge, Dinge zur Dekoration oder Bedarfsgegenstände. Kein anderer Werkstoff ist so vielfältig wie Holz es ist. Zudem bringt das Holzschnitzen eine gewisse Naturverbundenheit mit sich. Man beschäftigt sich mit den unterschiedlichen Holzarten, lernt im Zuge dessen Unterschiede zwischen den Baumarten, evtl. beschafft man sich vielleicht sein Holz sogar in Eigenregie aus dem Wald. Und dann ist da noch der Punkt der Kreativität. Beim Holzschnitzen kann man seine Kreativität vollkommen ausleben und ihr freien Lauf lassen. Sind Sie also kreativ, haben eine Beziehung zur Natur und mögen ältere Traditionen? Dann ist Holzschnitzen sicherlich genau das Richtige für Sie.

Die Vielfalt an Dingen, die man aus einem Stück Holz erschaffen kann, ist riesengroß. Von Figuren über Holzschalen und Besteck bis hin zu Dekorationsgegenständen oder Tafeln – der Fantasie sind keine Grenzen gesetzt. Die Faszination besteht darin, aus einem Stück Holz etwas Eigenes, ganz Individuelles zu erschaffen. Dabei gibt auch die Struktur des Holzes dem Gegenstand einen ganz besonderen Charakter. Und was es dazu braucht, ist nicht besonders viel. Mit gutem Werkzeug und einem Stück Holz sowie etwas Grundwissen über Techniken können Sie sich ganz schnell die nötigen Fertigkeiten aneignen. Und das Beste ist: schnitzen kann man überall. Ob professionell auf einer Werkbank in der eigenen Werkstatt oder mit dem Taschenmesser auf einem Campingausflug oder auf der Terrasse, alles ist möglich. Lassen Sie sich von diesem Buch und den darin beschriebenen Projekten inspirieren und designen Sie Ihre ganz eigenen Gegenstände. Viel Spaß dabei!

Das Schnitzhandwerk - Ein alter & ursprünglicher Brauch

Das Schnitzen hat in vielen unterschiedlichen Kulturen eine große Bedeutung und geht auf sehr alte Traditionen zurück. Die Holzschnitzerei ist eine der ältesten Arten von Kunst, die wir heute kennen. Das hat vor allem den Grund, dass man keine speziellen Utensilien benötigt. Holz war und ist noch heute überall verfügbar. Es gibt Nachweise, dass schon die Menschen der Steinzeit kleine Holzfiguren oder Werkzeuge aus Holz hergestellt haben. Ein großer Nachteil dieses Werkstoffes ist allerdings dessen Vergänglichkeit. Holz ist im Vergleich zu anderen Materialien nicht sehr langlebig. Es nimmt beispielsweise Wasser auf und ist anfällig für eine Zersetzung durch Pilze oder Insekten. Deshalb wurden in der Vergangenheit und im fortgeschritteneren Zeitalter eher verschiedene Steinsorten bevorzugt –die Bildhauerei entwickelte sich.

Dennoch war Holz durch seine Verfügbarkeit der Werkstoff für beispielsweise afrikanische Skulpturen, wie Masken, Werkzeuge oder Dekorationsgegenstände. Auch in der ozeanischen Kunst wurden Kanus aus Holz geschnitzt oder in der indigenen Kultur die bekannten Totempfähle. Holzschnitzereien blühten in Europa vor allem im Mittelalter in der Architektur in Kirchen und Kathedralen auf oder sie waren an dekorativen Möbeln im Innenbereich zu finden. Auch die japanische und ägyptische Holzschnitzkunst sollte im Zuge von Holzschnitzereien erwähnt werden.

Traditionelles Holzschnitzen in verschiedenen Kulturen

Antikes Ägypten

Dass Stücke aus dem Alten Ägypten überhaupt die Zeit überdauern konnten, ist dem extrem trockenen und warmen Klima Ägyptens zu verdanken. So konnten beispielsweise Tafeln mit Hieroglyphen und Figuren in Flachrelief aus alten Grabstädten geborgen werden. Auch Mumienkoffer von Menschen und Tieren mit prachtvollen Verzierungen oder den Gesichtern der Toten waren früher keine Seltenheit. Es wurden zudem auch Möbelstücke gefunden, deren Beine die Form von Tierfüßen annehmen. Kleinere Stücke wie Nadelkissen, kleine Schachteln oder Spiegelgriffe wurden ebenfalls oft mit Tiermotiven verziert. Die Liste der Holzschnitzereien aus dem Alten Ägypten ist lang und zeigt die Feinheit der Holzschnitzkunst, die sich schon viele Jahrtausende vor der Geburt Christi entwickelt hat. Dennoch war der Rohstoff Holz im antiken Ägypten nicht im Überfluss vorhanden, sodass man bei genauerer Untersuchung der Stücke eine Mehrfachverwendung feststellen kann und somit die ursprüngliche Verwendung oft nicht mehr ausgemacht werden kann. Ein unbrauchbares Stück Holz fiel auch damals oft dem Brennofen zum Opfer. Hauptsächlich verwendet wurden die heimischen Holzarten Tamariske, Akazie und Sycomorenfeige.

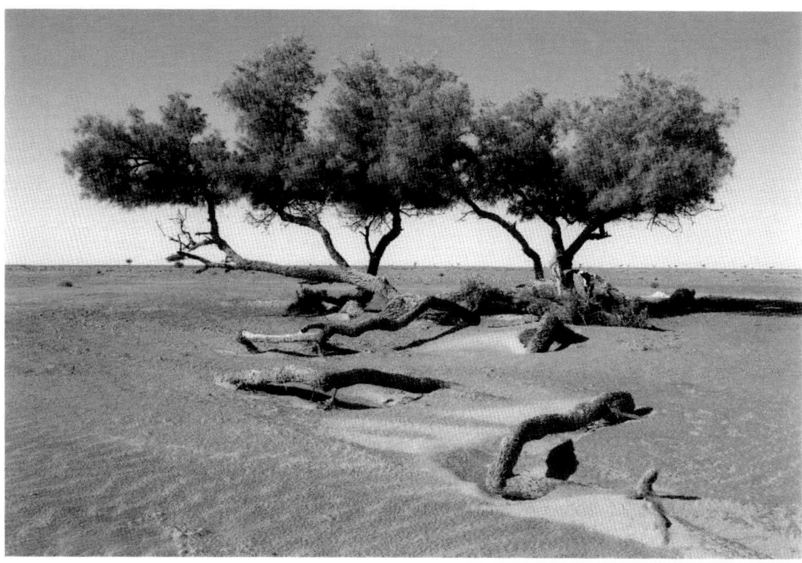

Indien und Burma

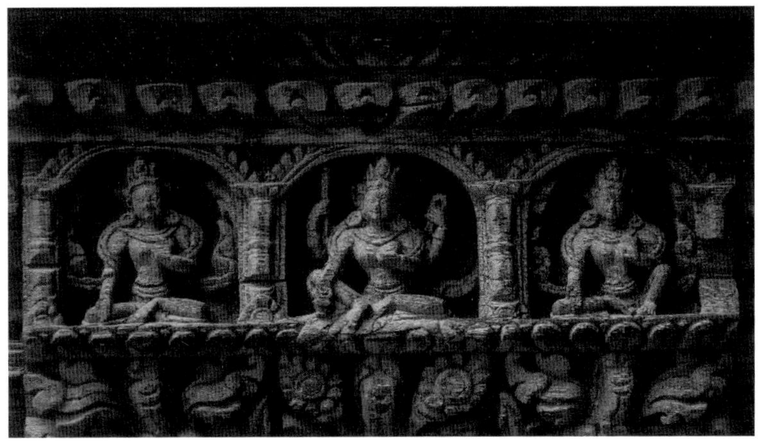

Zu den Meisterwerken der indischen Schnitzkunst zählen vor allem die vielen hinduistischen Tempel, die auf prachtvolle Weise mit Holzschnitzereien verziert wurden. So wurden Türen, Decken und Säulen oft mit Laub, Früchten oder Blumen verziert oder gar mit Charakteren oder ganzen Szenen aus der hinduistischen Mythologie. Hierbei wurde von den indischen Künstlern oft das heimische Sandelholz verwendet. Das rotbraune Hartholz wurde vor allem wegen seiner dekorativen Farbe und der guten Verfügbarkeit geschätzt. Ein besonders berühmtes Werk indischer Schnitzkunst sind die Türen des Tempels Somnath, welche nun im Fort von Agra sicher verwahrt liegen.

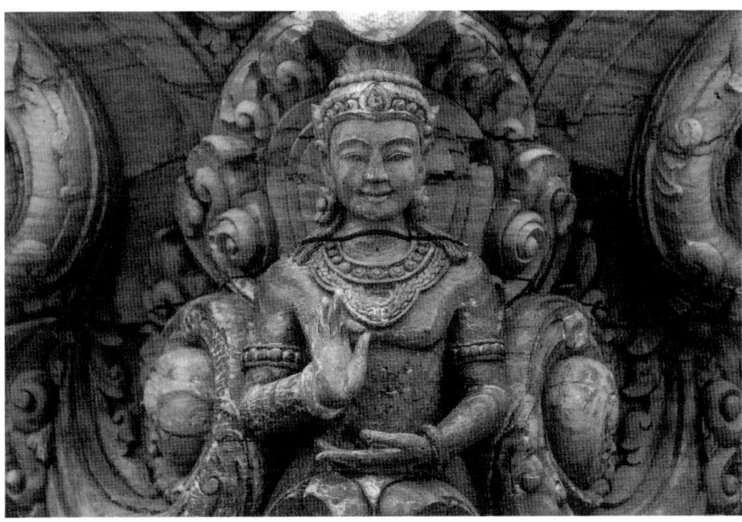

Indochina und Fernost

Die Region Indochina beschreibt die Bereiche südlich von China und östlich von Indien, umfasst also heute hauptsächlich die Länder Laos, Kambodscha und Vietnam. Indochina wurde die Region damals genannt, um den kulturellen Einfluss von Indien und China auf die Länder Südostasiens auszudrücken. Dies zeigt sich auch in der Holzschnitzerei. Es sind insbesondere die Werke japanischer Künstler aus dem Fernost, die für ihre außerordentliche Perfektion bekannt sind. Lotusblüten oder Lilien, jedoch auch andere Wasserpflanzen zählten zu den am häufigsten dargestellten Motiven. Gerne wurden Wände oder Säulen in Quadrate aufgebrochen und diese dann mit einem Kreis oder Diamanten versehen oder auch Tiermotive verwendet. Es wird deutlich, dass in China sowie angrenzenden Ländern eine Verbundenheit zur Natur bestand und daher hauptsächlich auch diese Motive zur Verzierung genutzt wurden. Vom 17. bis zum 19. Jahrhundert spielten die sogenannten Netsuke eine entscheidende Rolle und spiegelten die Perfektion der japanischen Schnitzkunst wider. Die kleinen Schnitzfiguren dienten dazu, den Geldbeutel am Gürtel zu befestigen, da die traditionellen Kimonos keine Taschen hatten. Zunächst hergestellt aus Wurzelholz, kamen später auch andere Materialien wie Elfenbein zum Einsatz und die Netsuke dienten nun mehr als Statussymbol.

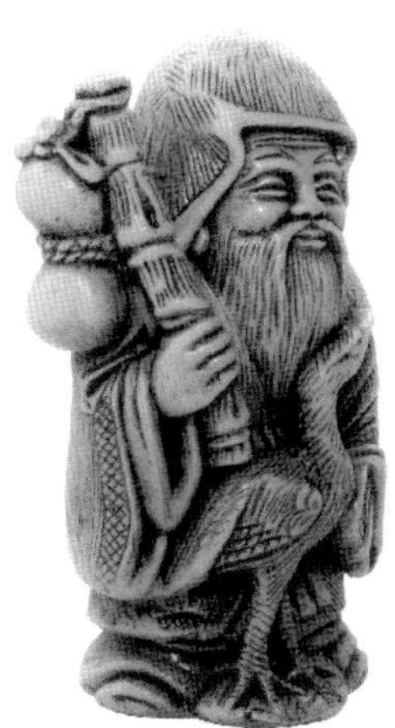

Australien

In Australien sind vor allem die Aborigines für ihre traditionelle Schnitzkunst bekannt. Von besonderer Beliebtheit sind Motive verschiedener Chipdesigns. Hierbei wird eine Oberfläche komplett mit kleinen Dreiecken oder Quadraten bedeckt. Oft wird das Muster durch eine Unregelmäßigkeit in der Mitte oder auch an den Rändern unterbrochen. Generell wird in diesen Kulturen der Schnitzkunst besonders das Verhältnis zwischen schlichter Oberfläche und Verzierung dargestellt und betont. Auch Tierfiguren werden häufig als plastische Figuren hergestellt. Oft kann man schon anhand ihrer Darstellung und Form sagen, von welchem Stamm sie hergestellt wurden, so unterschiedlich sind die Gestaltungsformen der tierischen Figuren. Oft wird das Holz mit heißem Metall bearbeitet, dadurch bekommen die Figuren ihre tierischen Züge und Verzierungen, ganz ähnlich wie das Verfahren der heutigen Brandmalerei. Auch Masken oder Bumerangs gehören zu den typischen Motiven, die aus Holz geschnitzt werden.

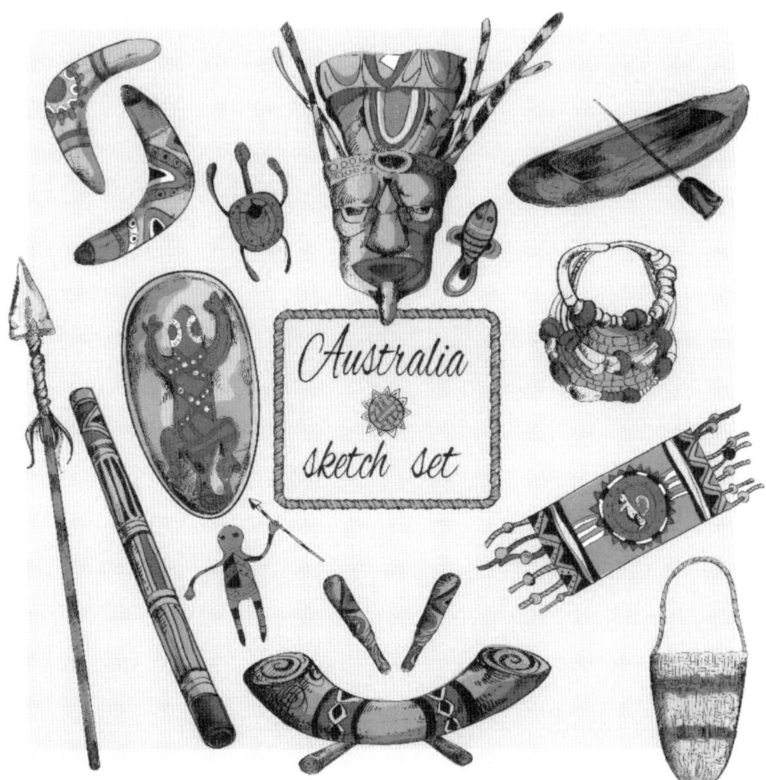

Holzschnitzen in Europa

Besonders das Mittelalter ist bekannt für seine prächtigen handgeschnitzten Holzkunstwerke. Vor allem heilige Stätten wie Kirchen oder Kathedralen wurden mit Holzschnitzereien verziert. Bis zum 11. Jahrhundert n. Chr. haben nur wenige Stücke die Zeit überdauert. Holzschnitzereien über 1000 Jahre aufzubewahren ist eher schwierig und braucht ganz besondere Umweltbedingungen. Einige wenige so alte Werke, die bis heute erhalten geblieben sind, sind z. B. die geschnitzten Tafeln des Haupteingangs von St. Sabina auf dem Aventin-Hügel in Rom oder zwei Tafeln von Reliefskulpturen der byzantinischen Kunst, die im Kloster auf dem Berg Athos in Mazedonien aufbewahrt werden.

Auch in der Gotik (12.–14. Jahrhundert) entstehen einige wichtige Kunststücke der Holzschnitzerei, ihren Höhepunkt erreich die Handwerkskunst allerdings gegen Ende der Epoche. Der Stil verfeinerte sich und die Holzschnitzer arbeiteten mit viel Liebe zum Detail. Beliebte Motive dieser Zeit waren Heilige, Fabelwesen oder Szenen aus dem Alltag, eingefasst in Laub.

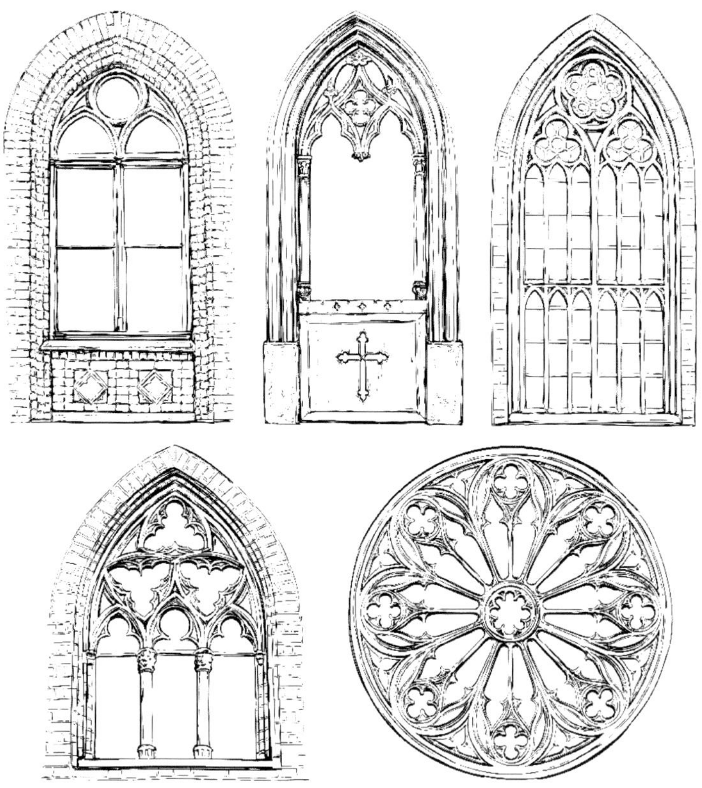

Ein neuer Zeitabschnitt begann mit der Renaissance (16.–17. Jahrhundert) und auch der Stil, Holzschnitzereien zu gestalten, veränderte sich. Viele sehen den Stil der Renaissance nicht ebenbürtig mit dem der Gotik. Die Feinheiten, wie sie damals noch sehr wichtig waren, werden in der Renaissance eher außen vor gelassen. Zu dieser Zeit wurden Stücke vermehrt für private Haushalte hergestellt, Häuser oder Möbelstücke verziert.

Ab dem 19. Jahrhundert verliert die Holzschnitzerei an Bedeutung. Zwar wird das Handwerk in Schulen gelehrt, dennoch entstehen ab dieser Zeit nur noch wenige bedeutende Kunstwerke.

Schnitzen für Jung & Alt

Das Holzschnitzen ist in den letzten Jahrzehnten etwas aus der Mode gekommen. Die Arbeit des Schnitzens geht nur langsam voran und erfordert ein hohes Maß an Geduld, jedoch auch an Geschick darf es dem Holzschnitzer nicht mangeln. Vor allem durch die heutigen Maschinen kann diese Arbeit leicht ersetzt und perfektioniert und zudem noch schneller ausgeführt werden.

Dennoch ist das Holzschnitzen keine ausgestorbene Tätigkeit. In vielen Teilen der Welt wird diese Tradition fortgeführt und sogar weiterentwickelt. Warum auch nicht? Wer sich naturverbunden fühlt und gerne kreativ arbeitet, für den ist Holzschnitzen genau das richtige Hobby. Mit kreativen Motiven und Ideen ist auch das Schnitzen absolut nicht langweilig und veraltet, sondern man kann großartige, neue und moderne Gegenstände ganz nach seinem Geschmack erschaffen.

Nicht nur dekorative Gegenstände wie Schalen und Holzfiguren können hergestellt werden, sondern auch praktische Dinge, wie beispielsweise Besteck jeglicher Art, Stempel oder Werkzeuge, lassen sich wunderbar aus Holz herstellen. Die Liste der möglichen Projekte ist lang und es lässt sich sicherlich für jeden etwas finden.

Zudem ist beim Schnitzen nicht nur strikten Anweisungen zu folgen, sondern man muss vielmehr ein Verständnis dafür entwickeln, wie die eigenen Hände arbeiten und wie man diese Arbeiten am besten an die Struktur des Holzes anpasst. Dies kann man nur durch viele praktische Übungen und Erfahrung erreichen. Scheint am Anfang der Umgang mit den Schnitzeisen noch ungewohnt und die Bewegungsabläufe fühlen sich fremd an, so werden Sie nach einiger Zeit feststellen, wie Sie sich wohler im Umgang mit den Schnitzeisen fühlen und anfangen, andere Techniken auszuprobieren. Dies ist auch der Punkt, wenn Sie danach streben, kompliziertere Schnitzprojekte absolvieren zu wollen. Mit diesem Buch bekommen Sie einen Ratgeber für das Schnitzen für Jung und Alt an die Hand, der Sie Schritt für Schritt, kompetent zu ersten Schnitzerfolgen führt! Los geht's mit ein paar Grundlagen.

Einführung in die Schnitzerei

Bevor Sie mit dem eigentlichen Schnitzen beginnen, sollten Sie sich zum einen Gedanken über das sichere Arbeiten und zum anderen darüber machen, welche Holzart Sie verwenden möchten. Dabei eignen sich einige Arten besser für Anfänger als andere. In den folgenden Kapiteln finden Sie Tipps zur Vorbereitung Ihres ersten Schnitzprojekts, deshalb sollten Sie dieses aufmerksam durchlesen, bevor Sie mit der eigentlichen Schnitzerei beginnen.

Der Werkstoff Holz

Seit Anbeginn der Zeit ist Holz für den Menschen einer der wichtigsten Werkstoffe überhaupt. Dabei haben unterschiedliche Hölzer auch verschiedene Eigenschaften. Während sich einige Holzarten besser zum Herstellen von stabilen Werkzeugen eignen, werden andere Holzarten bevorzugt z. B. zur Herstellung von Instrumenten verwendet. Wieder andere Holzarten sind sehr witterungsbeständig und eignen sich daher besser im Baugewerbe und zum Außenbau. Doch nicht nur die Eigenschaften, sondern auch das Aussehen der Hölzer weist eine starke Variation auf. Deutliche Maserung, markante Jahresringe und unregelmäßige große Poren führen zu einer deutlichen Struktur des Holzes. Im Vergleich dazu gibt es ebenso Hölzer, die fast einfarbig erscheinen und keine Struktur aufweisen. Dadurch beeinflussen sie enorm das Aussehen der fertigen Kunstwerke, wie beispielsweise von Möbelstücken oder Dekorationsgegenständen.

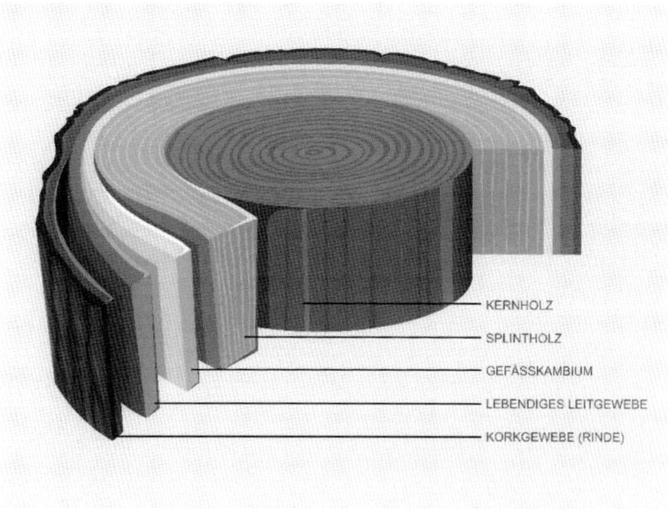

Splintholz ist das jüngste Holz des Baumes. Es befindet sich unterhalb des sogenannten Kambiums, welches das Splintholz von der Rinde trennt. Das Splintholz wird auch als die aktive Zone des Baumes bezeichnet, da es die Aufgaben des Wasser- und Nährstofftransports übernimmt und für die Speicherung von Nährstoffen zuständig ist. Das **Kernholz** hingegen ist physiologisch nicht mehr aktiv und befindet sich im Inneren des Baumstamms. Es ist meist dunkler als das Splintholz.

Die Feuchtigkeit des Holzes ist ein wichtiger Faktor, der die Bearbeitung des Holzes beeinflusst. Unterschiedliche Hölzer besitzen unterschiedliche Feuchtigkeitsanteile und müssen daher länger oder kürzer getrocknet werden. Nasses Holz eignet sich in den wenigsten Fällen zur Weiterverarbeitung. Auch in dem Härtegrad unterscheiden sich die verschiedenen Holzarten. Zu den Hartholzarten zählen vorwiegend Laubhölzer wie Eiche, Buche, Kirsche, Ahorn, Nussbäume, Birke und auch der immergrüne Baum Eibe. Zu den Weichholzarten zählen hingegen Linde, Kastanie, Erle und Zirbel.

Ein Baumstamm besteht aus zwei verschiedenen Holzarten, dem Splintholz und dem Kernholz. Rundum das Splintholz befindet sich das sogenannte Kambium, welches die aktive Wachstumszone des Baumes darstellt. Von dort aus wächst der Baum einmal nach innen (Splintholz) und nach außen (Borke oder Rinde). Die Jahresringe entstehen, wenn der Baum im Frühjahr und Herbst in unterschiedlichen Geschwindigkeiten wächst. Sind im Frühjahr viele Nährstoffe vorhanden, so kann der Baum deutlich schneller wachsen als im Herbst, wenn die meisten Nährstoffe bereits aufgebraucht sind.

Im Folgenden finden Sie eine Tabelle mit allen gängigen Holzarten, die Ihnen auf einen Blick zeigt, wie gut ein Holz zum Holzschnitzen geeignet ist. Der Farbcode sagt Ihnen, wie gut sich eine Holzart zum Holzschnitzen eignet. Grün gefärbte Hölzer sind sehr gut zum Holzschnitzen geeignet, gelbe Hölzer sind nur mäßig gut geeignet und rote Hölzer sind ungeeignet:

Art	Arten in Deutschland	Wissenschaftlicher Name	Merkmale	Dichte (kg/m³)	Elastizität (N/mm²)	Verwendung	Anmerkung
Buche	Rot-Buche	*Fagus sylvatica*	Buchenholz hat eine helle, rötliche Färbung. Wird es gedämpft, intensiviert sich die Farbe noch. Kern- und Splintholz unterscheiden sich kaum, nur bei sehr alten Bäumen kann es zu einer dunkelbraunen Kernfärbung kommen.	540–910	14.000	Möbel, Parkett und Treppen, Spielzeug, Eisenbahnschwellen, Brennholz	Buchenholz ist ein sehr widerstandsfähiges Holz, jedoch pilzanfällig und es eignet sich durch seine Härte weniger gut zum Holzschnitzen.
Eiche	Stiel-Eiche Trauben-Eiche Rot-Eiche	*Quercus robur* *Quercus petraea* *Quercus rubra*	Eichenholz ist ein helles, gelbbraunes Holz mit auffälligen Holzstrahlen. Das Splintholz ist dabei minimal heller als das gerbstoffhaltige und härtere Kernholz	390–930	13.000	Möbel und Fässer, Parkett, Schiffsbau, Konstruktionsholz, Eisenbahnschwellen, Brennholz, Schnitzereien	Besonders wertvoll und beliebt ist das Holz der sogenannten Mooreiche. Das Eichenholz lag für längere Zeit im Wasser. Durch die Reaktion der im Holz enthaltenen Gerbstoffe mit den Eisensalzen des Wassers entstehen eine dunkle Farbe und eine besondere Härte.

Hainbuche	Hainbuche (Weißbuche)	*Carpinus betulus*	Hainbuchenholz ist ein sehr helles bis gelbliches Holz mit undeutlicher Maserung. Es ist kaum ein Unterschied zwischen Kern- und Splintholz zu erkennen.	540–860	14.500	Werkzeuge, Möbel, Klaviermechanik, Billard-Queues, Räder, Walzen, Windmühlenflügel	Sehr hartes, schweres, jedoch elastisches Holz, das bei Trocknung stark schwindet und zu Rissen neigt und daher nicht gut zum Schnitzen geeignet ist.
Birke	Hänge-Birke Sand-Birke Weiß-Birke	*Betula pendula*	Birkenholz erscheint seidig glänzend und ist eine eher helle Holzart. Die Variationsbreite an Farbtönen ist allerdings enorm groß, von Gelb bis Rot über Braun. Kern- und Splintholz unterscheiden sich nur wenig.	510–830	14.000	Möbel, Leitern, Gebrauchsgegenstände, Spielzeuge, Schnitzereien, Brennholz	Birkenholz ist ein elastisches und biegsames Holz, welches gut zu bearbeiten ist. Bei der Trocknung ist es mäßig schwindend, es neigt jedoch dazu, sich zu verziehen. Zudem ist es pilzanfällig und verfärbt sich bei Kontakt mit Wasser unregelmäßig. Dennoch ist es gut zu bearbeiten und daher zum Schnitzen mäßig geeignet.
Nussbaum	Echte Walnuss	*Juglans regia*	Beim Holz des Nussbaums kann man einen deutlichen Unterschied zwischen dem recht hellen Splintholz und dem im Vergleich sehr dunklen Kernholz erkennen. Es gibt unterschiedliche Farbvariationen von Rot über Braun bis hin zu Gelbtönen. Nussbaumholz hat zudem eine deutliche Maserung in Dunkelbraun oder fast Schwarz.	680	12.500	Möbel, Vertäfelungen, Parkett, Instrumente, Gewehrschäfte	Nussbaumholz ist hart, schwer und dennoch elastisch. Zudem schwindet es beim Trocknen nur mäßig, es ist dennoch durch seine Härte zum Schnitzen weniger geeignet.

Elsbeere	Elsbeere	*Sorbus torminalis*	Das Splintholz der Elsbeere ist hell mit einem rötlichen Farbstich, das Kernholz dagegen dunkler und eher bräunlich. Allerdings dunkeln die Farben des Holzes ziemlich nach, sodass man nach einiger Zeit ein einheitlich braunes Holz erhält.	670–900	11.700	Exklusive Möbelstücke, Furniere	Sehr hartes und elastisches Holz, das beim Trocknen kaum schwindet. Wegen seiner Ähnlichkeit zum Birnbaumholz wird es auch als „Schweizer Birnbaum" bezeichnet. Durch seine Härte ist es zum Schnitzen eher ungeeignet.
Rüster	Berg-Ulme (Weiß-Rüster) Feld-Ulme (Rot-Rüster)	*Ulmus glabra* *Ulmus minor*	Ulmenholz unterscheidet sich recht deutlich in Splint- und Kernholz. Das hellere, gelblich braune Splintholz zeichnet sich oft deutlich vom dunkelbräunlichen Kernholz mit deutlichen Farbvariationen ins Grau- bzw. Rotbraune. Das Ulmenholz hat außerdem eine deutliche und einheitliche Maserung.	480–860	11.000	Vertäfelungen, Möbel, Parkett, Treppen, Instrumente	Das Ulmenholz ist hart, jedoch elastisch. Es ist zudem eine sehr schwere Holzart, lässt sich gut bearbeiten, weshalb es sich auch gut zum Holzschnitzen eignet. Beim Trocknen schwindet es kaum.
Kirsche	Vogel-Kirsche (Süß-Kirsche)	*Prunus avium*	Splint- und Kernholz des Kirschbaumes unterscheiden sich sehr deutlich voneinander. Während sich das Splintholz gelblich bis weiß zeigt, hat das Kernholz eine gelblich braune bis rötliche Farbe. Es hat zudem eine sehr dekorative Maserung.	490–670	10.000–11.000	Möbel, Vertäfelungen, Instrumente, Messergriffe	Das mittelschwere und mittelharte Kirschholz ist besonders gut zu bearbeiten, weshalb es sich auch gut zum Holzschnitzen eignet. Es zeigt sich beim Trocknen mäßig schwindend.

Ahorn	Spitz-Ahorn Berg-Ahorn	*Acer platanoides* *Acer pseudoplatanus*	Ahornholz ist oft sehr einheitlich, Splint- und Kernholz unterscheiden sich kaum voneinander. Zudem ist das Holz auch nicht stark gemasert. Berg-Ahorn ist gelblich-weiß, während Spitz-Ahorn gelblicher oder auch rötlicher gefärbt sein kann.	530–960	9.400–11.300	Möbel, Parkett, Instrumente	Beide Holzarten sind hart und mittelschwer, dennoch sehr elastisch. Beim Trocknen schwinden sie kaum.
Esche	Gewöhnliche Esche	*Fraxinus excelsior*	Das Splint- und Kernholz der Esche sind ähnlich gefärbt in einem hellen gelblichen Weiß. Bei älteren Bäumen kann es auch zu einem dunkleren Holzkern kommen.	450–860	13.000	Möbel, Parkett, Treppen, Vertäfelungen, Instrumente, Sportgeräte	Eschenholz ist ein elastisches und gut biegbares Holz, das dennoch eher hart und schwer ist. Es ist beim Trocknen mäßig schwindend und neigt zu Verfärbungen. Es ist zudem pilzanfällig und daher nur mäßig zum Holzschnitzen geeignet.
Robinie	Gewöhnliche Robinie (Falsche Akazie)	*Robinia pseudoacacia*	Das Splintholz der Robinie ist gelblich-weiß, während das Kernholz zunächst grünlich bis braun ist und später goldbraun nachdunkelt.	580–900	13.600	Möbel (auch Außenbereich), Schiffsbau, Palisaden, Parkett, Türen und Fenster, Fässer	Das harte und schwere Holz ist beim Trocknen mäßig schwindend und trotz seiner Schwere dennoch elastisch und biegsam. Es neigt zum Verziehen und Reißen und ist daher zum Holzschnitzen nicht geeignet. Durch die Inhaltsstoffe ist das Holz sehr witterungsbeständig.

Fichte	Gewöhnliche Fichte (Rot-Tanne)	*Picea abies*	Das Splint- und das Kernholz von Fichtenholz sind sehr ähnlich, sie sind kaum voneinander zu unterscheiden. Das Holz ist oft weißlich oder hellgelb mit einer gleichmäßigen Maserung.	330–470	11.000	Bau- und Konstruktionsholz für Dächer und Wände, Verkleidungen, Treppen, Fenster und Türen, Zäune, Paletten, Instrumente	Fichtenholz ist ein sehr weiches und leichtes Holz mit einer hohen Elastizität. Es schwindet nur gering beim Trocknungsprozess und hat zudem einen sehr hohen Harzgehalt. Es ist für das Holzschnitzen daher eher ungeeignet.
Tanne	Weiß-Tanne	*Abies alba*	Die Farbtöne des Holzes gehen mehr in das Weißliche, manchmal ist es auch grau-blau schimmernd oder rötlich.	350–450	13.800	s. Verwendung der Fichte; in industrieller Nutzung werden Fichte und Tanne häufig gar nicht unterschieden.	Das Holz der Tanne ist dem Fichtenholz sehr ähnlich. Es besitzt jedoch keine Harzkanäle.
Lärche	Europäische Lärche	*Larix decidua*	Das gelbliche Splint- unterscheidet sich deutlich von dem eher rotbraunen Kernholz. Es dunkelt zudem stark nach.	440–590	13.800	Bau- und Konstruktionsholz für Dächer und Wände, Verkleidungen, Treppen, Fenster und Türen	Das mittelharte Holz lässt sich gut bearbeiten und ist daher gut für das Holzschnitzen geeignet.
Kiefer	Wald-Kiefer (Föhre oder Forche)	Pinus sylvestris	Das Splintholz der Kiefer unterscheidet sich deutlich vom Kernholz. Der dunklere, oft gelblich bis rötlich getönte Kern hebt sich deutlich vom hellen, gelblich-weißen Splint ab.	330–520	12.000	Möbel, Schiffsbau, Bau- und Konstruktionsholz für Dächer und Wände, Verkleidungen, Treppen, Fenster und Türen	Das Kiefernholz ist mittelschwer und mittelhart, hat jedoch einen hohen Harzgehalt und ist daher zum Holzschnitzen nicht geeignet. Gut hingegen eignet sich das Holz der **Zirbel-Kiefer**, welches etwas schwerer und härter ist, bei geringerem Harzgehalt.

Kastanie	Gewöhnliche Rosskastanie	*Aesculus hippocastanum*	Das Holz der Kastanie ist einheitlich weißlich-gelb, manchmal auch mit rötlichen oder braunen Farbmorphen. Die Maserung ist unregelmäßig.	500–590	5.400	Bau- und Konstruktionsholz, Möbel, Verkleidungen, Treppen, Parkett, Furniere, Instrumente	Kastanienholz ist mittelschwer, weich und biegsam. Es lässt sich gut bearbeiten, ist witterungsbeständig und resistent gegen Pilzbefall.
Pappel	Silberpappel Zitterpappel Schwarzpappel	*Populus alba* *Populus tremula* *Populus nigra*	Die Farbe aller Pappelhölzer liegt in der Regel zwischen einem weißlichen Grau bis Braun. An der unterschiedlichen Kernfärbung lassen sich die Arten gut unterscheiden. Während die Zitter-Pappel keine Kernfärbung hat, geht die Farbe des Kernholzes der Silber-Pappel zu einem rötlichen Braunton und der Kern der Schwarz-Pappel hat einen grünlichen Stich. Die Maserung aller Arten ist sehr fein.	410–560	8.800	Vorwiegend Verwendung im Innenbereich, Flugzeugbau, Prothesenherstellung	Das Pappelholz gehört zu den weicheren Holzarten und schwindet beim Trocknen nur mäßig. Die Trocknung dauert beim Pappelholz weniger lange wie bei anderen Holzarten.
Eibe	Gewöhnliche Eibe	*Taxus baccata*	Der Unterschied zwischen Kern- und Splintholz ist bei der Eibe besonders deutlich. Das Splintholz ist heller und leicht gelblich und hebt sich deutlich von dem kräftig rötlich gefärbten Kernholz ab. Jahresringe zeichnen sich nur gering ab und das Holz ist gespickt mit feinen Holzstrahlen.	490–720	14.000	Verwendung im Kunsthandwerk, Schnitz- und Drechselarbeiten, Möbel, Instrumente	Im Gegensatz zu anderen Nadelholzarten fehlen bei der Eibe die Harzkanäle komplett. Eibenholz ist für ein Nadelholz sehr hart und schwer, dennoch sehr elastisch. Es ist zudem sehr witterungsbeständig.

Linde	Sommer-Linde Winter-Linde	*Tilia platyphyllos* *Tilia cordata*	Besonders auffällig bei Lindenholz ist der seidige Glanz. Das Splintholz unterscheidet sich kaum vom Kernholz und ist meist weißlich bis gelb. Schwache Färbungen in Rot können vorkommen. Die Maserung ist sehr fein.	350–600	7.400	Verwendung im Kunsthandwerk, Schnitz- und Bildhauerarbeiten, Instrumente, Spielwaren	Lindenholz ist ein sehr weiches und mittelschweres Laubholz. Es ist sehr dicht und deshalb auch wenig elastisch. Es lässt sich jedoch sehr gut bearbeiten und ist deshalb auch für Holzschnitzarbeiten besonders gut geeignet.
Erle	Schwarz-Erle	*Alnus glutinosa*	Es gibt farblich keinen Unterschied zwischen Kern- und Splintholz der Erle. Die Farbe des Holzes geht über Blassgelb bis Rot-Gelb, seltener kann der Farbton auch ins Orange übergehen.	490–640	7.700–11.700	Möbel, Instrumente	Erle ist ein eher weiches und leichtes Laubgehölz. Beim Trocknen ist das Holz nur mäßig schwindend.
Weide	Silber-Weide Sal-Weide Reif-Weide Korb-Weide Trauer-Weide	*Salix alba* *Salix caprea* *Salix daphnoides* *Salix viminalis* *Salix babylonica*	Das Splintholz der Weide ist oft sehr hell bis weiß, manchmal auch leicht ins Gelbliche gehend. Das Kernholz dagegen hebt sich mit seiner hellbraunen bis leicht rötlichen Färbung deutlich vom Splintholz ab.	390–560	8.600	Energetisches Nutzholz, Papierherstellung, Holzwolle, Zellstoff, Zahnstocher	Weidenholz ist sehr weich, leicht und grobfaserig. Weidenholz lässt sich gut bearbeiten, fasert jedoch sehr leicht aus, sodass es zum Holzschnitzen nur mäßig geeignet ist.

Trocknung

Die Trocknung des Holzes, welches man schnitzen möchte, ist eine eigene Wissenschaft für sich. Einige Holzschnitzer verlassen sich auf die Angaben von Herstellern bezüglich der Trocknungsphase, andere trocknen ihre Holzstücke in Eigenregie. Ein sehr zeitaufwendiges Unterfangen. Viele Faktoren, wie beispielsweise die Dicke oder die Holzart, spielen in die optimale Trocknungszeit eines Holzstückes mit ein.

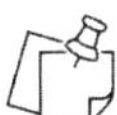

Ein Holzbrett, das über 4 cm dick ist, wird nicht mehr als Brett, sondern als **Bohle** bezeichnet. Eine Bohle verwendet man dann, wenn man beispielsweise eine Skulptur oder andere plastische Objekte schnitzen möchte, da hier die Dicke eines normalen Holzbretts einfach nicht ausreicht.

Bei Bohlen ist zu beachten, dass diese auch gut durchgetrocknet sind. Eine Faustregel besagt, dass das Holz so viele Jahre liegen muss, wie es cm dick ist, sprich: Eine 6 cm dicke Bohle müsste dementsprechend auch 6 Jahre lang liegen und trocknen. Das kann allerdings auch je nach Härtegrad des Holzes variieren, sodass weicheres Holz eventuell auch früher bearbeitet werden kann. Der Trocknungsprozess kann beschleunigt werden, indem das Holz in einer Trockenkammer gelagert wird. Generell bevorzugen jedoch viele Holzschnitzer das natürlich getrocknete Holz, da es durch die maschinelle Trocknung an Geschmeidigkeit verliert und spröde wird. Eine Restfeuchte von 7 bis 8 % ist für das Holzschnitzen optimal. Mit einem speziellen Messgerät kann die Restfeuchte des Scheitholzes bestimmt werden. Die im Holz enthaltene Wassermasse wird dabei über eine Leitfähigkeitsmessung ermittelt.

Tipps zum Selbstmachen:

Möchte man sein Holz selbst trocknen, so gibt es einige wichtige Dinge zu beachten:

- Um Rissbildung zu vermeiden, sollte Holz immer in längeren Bohlen oder größeren Stücken getrocknet werden.
- Die Holztrocknung an frischer Luft ist ein langwieriger Prozess, der mehrere Jahre dauert und eine regelmäßige Kontrolle voraussetzt.
- Die Dicke des Holzes gibt die Dauer der Lagerung vor (Faustregel: 1 cm = 1 Jahr Lagerung).
- Beim Stapeln muss auf eine gute Belüftung geachtet werden, deshalb kommen Stapelleisten zum Einsatz. Diese sollten nicht weniger als 2 cm dick sein und alle 40–50 cm quer eingeschoben werden, um das Holz darauf zu lagern.

- Das Holz muss vor Regen geschützt werden. Am besten decken Sie das Holz mit Wellblechen ab und stellen sicher, dass kein Wasser durchdringen kann, denn dies fördert eine Verfärbung des Holzes und begünstigt einen Pilzbefall.
- Plastikplanen sind beim Holztrocknen eher ungeeignet, da das Holz unter den geschlossenen Planen nicht atmen und das Wasser nicht verdunsten kann.
- Auch andere Schädlinge wie Insekten oder Bakterien können das Holz befallen. Hier hilft nur eine regelmäßige Kontrolle.
- Risse im Holz werden durch eine zu schnelle Trocknung bei hohen Temperaturen und geringer Feuchtigkeit begünstigt. Eine Trocknung an frischer Luft dauert zwar länger, bringt in der Regel aber auch die deutlich besseren Ergebnisse.

Beachten Sie diese wenigen Tipps, dann kostet die Trocknung Ihres Holzes zwar etwas Zeit, das Ergebnis wird sich aber sehen lassen können.

Herstellung eines Blockes

Da man die Bohle umso länger trocknen muss, je dicker sie ist, behilft man sich häufig mit einem Trick. Um einen größeren Holzblock herzustellen, wird die Bohle in kleinere Stücke gesägt und mit einem qualitativ hochwertigen Holzleim verleimt. Dabei ist darauf zu achten, dass auch in gut getrocknetem Holz Spannung herrscht. Man muss also sicherstellen, dass dieses arbeiten kann, sodass im Laufe der Zeit keine Risse entstehen. Dies ist besonders wichtig, wenn das Holz unterschiedlichen Temperaturen und unterschiedlicher Luftfeuchtigkeit ausgesetzt ist.

Bei Bohlen gibt es eine rechte und eine linke Seite, d. h. die rechte Seite ist immer die dem Kern zugewandte Seite. Dies kann man an der kurzen Seite erkennen, sprich an der Seite, an der man auch die Dicke der Bohle misst. Hier kann man den ursprünglichen Verlauf der Jahresringe noch gut erkennen. Anhand der Rundung dieser kann man feststellen, welches die dem Kern zugewandte Seite ist.

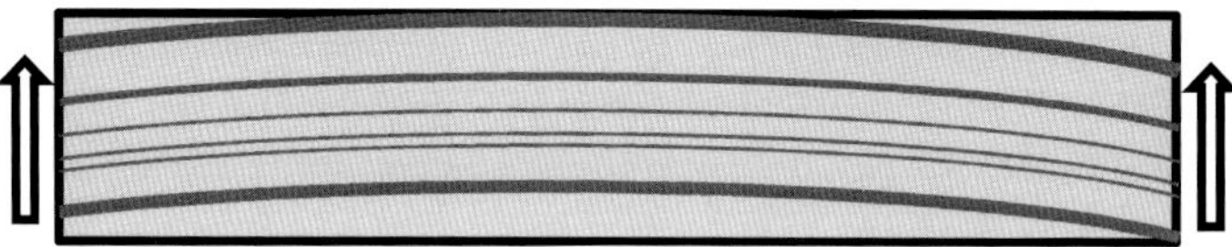

Da Holz dazu neigt, sich immer in Richtung der Pfeile zu biegen, auch wenn es schon sehr gut durchgetrocknet ist, leimt man idealerweise zwei linke Seiten aufeinander. So drücken die beiden Bohlen gegeneinander und es entstehen keine Risse in der fertigen Skulptur.

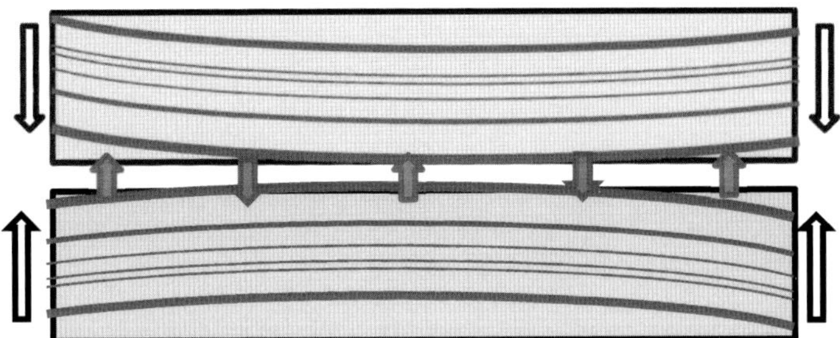

Leimt man die Bohlen seitlich aneinander, ist darauf zu achten, dass die Spannung in die gleiche Richtung verläuft.

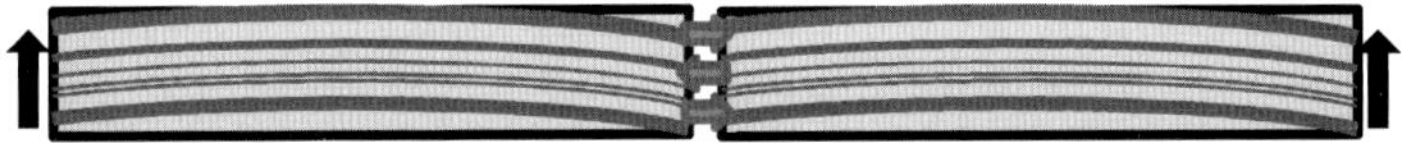

Klebstoffe und Holzleime

Es gibt eine wirklich große Bandbreite an Klebstoffen und Leimen für Holzarbeiten. Doch welcher ist für Ihr Projekt der richtige Klebstoff?

Holzleime werden in unterschiedliche Gruppen eingeteilt, je nachdem, wie stark das geleimte Holz später beansprucht werden soll und wie stark die Widerstandsfähigkeit gegen Feuchtigkeit und Wasser ist. Die Bezeichnungen D1 bis D4 (früher B1 bis B4) richten sich nach den Eigenschaften des Holzleims:

- D1: Nur geeignet für den Innenbereich (die Holzfeuchte muss unter 15 % bleiben)
- D2: Geeignet für den Innenbereich und bei gelegentlicher und kurzzeitiger Einwirkung von Wasser oder Wasserdampf (die Holzfeuchte darf maximal 18 % erreichen)
- D3: Geeignet für den Innenbereich und bei häufiger, jedoch kurzzeitiger Einwirkung von Wasser oder einer generell höheren Luftfeuchtigkeit. Zudem auch geeignet für den Außenbereich, jedoch ohne direkte Aussetzung von Regen und anderem Wetter.

- **D4**: Geeignet für den Innenbereich bei häufiger und langzeitiger Einwirkung von abfließendem Wasser oder Wasserdampf. Zudem auch im Außenbereich einsetzbar und kann dort der Witterung ausgesetzt werden, allerdings mit angemessenem Oberflächenschutz, wie z. B. Lack o. Ä.

Glutinleime

Glutinleime werden aus tierischen Abfällen, wie z. B. Knochen, hergestellt. Man unterscheidet die Glutinleime nach ihrer Herkunft. Namen wie Knochenleim, Hasenleim oder Fischleim sind daher nicht ungewöhnlich. Man erhält diese natürlichen Leime meist als Granulat, welches mit Wasser aufgekocht wird und dann eine klebrige Masse bildet. Häufig zur Anwendung kommt dieser Leim hauptsächlich beim Bau von Instrumenten oder beim Restaurieren von alten Möbelstücken.

Kaseinleim

Bei Kaseinleim handelt es sich ebenfalls um einen Leim aus ausschließlich natürlichen Stoffen. Zum Großteil besteht dieser Leim aus Kasein, welcher ein Teil des Milcheiweißes ist. Mischt man dieses mit gelöschtem Kalk, erhält man den Kaseinleim. Im Gegensatz zum Glutinleim ist dieser wasserfest und hitzebeständig. Trotzdem findet der Leim heute nur noch Anwendung in der Bautischlerei. Hat man einmal keinen Leim zuhause, kann dieser ganz einfach selbst hergestellt werden. In einem Mischungsverhältnis von 5:1 wird Magerquark mit gelöschtem Kalk gemischt und schon erhalten Sie den Kaseinleim.

Formaldehydharzleime

Diese Leime bestehen aus synthetischen Inhaltsstoffen und enthalten das umstrittene Lösungsmittel Formaldehyd. Aufgrund seiner gesundheitsschädlichen Wirkung werden diese Leime nur industriell eingesetzt, z. B. bei der Herstellung von Spanplatten. Für Heimwerker spielen die Leime dieser Gruppe daher keine wichtige Rolle.

Formaldehydarme Leime

Zu dieser Gruppe zählt eine Vielzahl von Leimen, der bekannteste ist der sogenannte Weißleim. Dieser ist frei von Formaldehyd und Lösungsmitteln und wird als Dispersionsleim bezeichnet. Von Dispersionsleim ist die Rede, weil das Bindemittel in Wasser nicht gelöst, sondern sehr fein verteilt ist. Beim Aushärten wird das Wasser an den Werkstoff oder die Luft abgegeben und die Bindemittel-Moleküle verbinden sich zu einem festen Klebstoff, der beim Aushärten transparent wird. Bei Heimwerkern ist dieser Leim sehr beliebt, da es diesen in verschiedenen Beanspruchungsgruppen zu erwerben gibt. Sogenannte Expressleime härten sehr schnell aus. Für lackierte Oberflächen gibt es spezielle Lackleime.

Polyurethanleime

Die Einkomponentenkleber auf Basis von Polyurethan sind die modernsten unter den Holzleimen, finden allerdings nicht nur im Bereich der Holzverarbeitung Anwendung, da sie nahezu alle klebbaren Materialien verkleben können. Es handelt sich um lösungsmittelfreie Reaktionsklebstoffe, die mit Hilfe der aus der Umgebung aufgenommenen Feuchtigkeit aushärten. Bei der Verwendung zu beachten ist, dass es bei diesen Klebstoffen bei der Aushärtungsreaktion häufig zu einem mehr oder weniger starken Aufschäumen kommt. Daher ist es wichtig, beim Verkleben Druck auf die zu verklebenden Holzteile auszuüben, damit diese durch die Reaktion nicht auseinandertreiben.

Sicherheit am Arbeitsplatz

Vergessen Sie bitte nie, dass Sie beim Holzschnitzen mit sehr scharfen Messern hantieren. Daher stehen ein sicheres Arbeiten und ein verantwortungsvoller Umgang mit den Schnitzeisen an oberster Stelle.

✓ Am wichtigsten für ein sicheres Arbeiten ist, dass der Arbeitsplatz optimal beleuchtet ist. Viele Holzschnitzer arbeiten auf einer Werkbank, deshalb wird empfohlen, eine spezielle Lampe, am besten mit integrierter Lupenfunktion, zu verwenden. Diese ist für solche Arbeiten sehr gut geeignet und spendet ein helles Licht. Ein gut vorbereiteter Arbeitsplatz ist beim Holzschnitzen von Vorteil.

✓ Wenn Sie nun mit dem Holzschnitzen starten, seien Sie sich immer bewusst, wo sich Ihre Hand im Verhältnis zum Werkzeug befindet. Es wird grundsätzlich vom Körper weg geschnitzt. Arbeiten Sie niemals in die Richtung Ihres eigenen Körpers. Die Schnitzeisen sind besonders scharf, ein Abrutschen hätte also schlimme Verletzungen zur Folge.

✓ Es wird zudem immer mit beiden Händen am Schnitzeisen gearbeitet. Das Holzstück in der einen Hand zu halten, während Sie mit der anderen Hand am Schnitzeisen versuchen, das Holzstück zu bearbeiten, ist keine gute Idee. Beide Hände gehören an das Schnitzeisen, dabei dient die eine Hand zum Führen des Messers, um saubere Schnitte auszuführen, während die andere Hand Druck aufbaut, um das Schnitzeisen überhaupt durch das Holz führen zu können. Das Holzstück ist dabei beispielsweise in einer Schraubzwinge eingespannt.

✓ Die meisten Menschen verletzen sich tatsächlich, wenn sie mit dem Schnitzen fertig sind, die Schnitzeisen weglegen wollen oder sogar damit herumspielen. Bleiben Sie also konzentriert, bis die Schnitzeisen ordentlich verstaut sind.

✓ Ein weiterer wichtiger Punkt ist, dass Sie niemals mit stumpfen Werkzeugen arbeiten. Ein Abrutschen ist dann viel wahrscheinlicher, wobei man sich leicht verletzen kann.

✓ Einige Holzschnitzer bevorzugen es, zum Schnitzen Schutzhandschuhe zu tragen, andere finden diese störend. Dennoch kann ein entsprechender Handschuh tiefere Verletzungen in Form von Schnitten verhindern. Das Tragen dieser ist jedoch Geschmackssache. Auch ein lederner Daumenschutz kann getragen werden, der vor tieferen Schnitten und Schwielen schützt. Generell ist es zu empfehlen, einen Erste-Hilfe-Kasten bereitzuhalten. So können kleinere Verletzungen sofort optimal versorgt werden.

✓ Bekommt man an seiner Werkbank Besuch, so sollte das Schnitzen unterbrochen werden. Niemand möchte mit dem Schnitzeisen abrutschen und dieses dann in der Hand des Nachbarn wiederfinden. Deshalb zur Sicherheit etwas Abstand halten und wenn andere Personen Ihr Werk begutachten wollen, unterbrechen Sie das Schnitzen für einige Minuten.

✓ Außerdem sollte das Schnitzmesser, wenn möglich, beim Verlassen des Arbeitsplatzes immer eingeklappt werden. Messer, die diese Funktion nicht haben, sollten sicher verstaut werden, sodass sich auch unerfahrene Personen nicht daran verletzen können.

Sollten Sie diese Sicherheitsregeln beachten, so steht dem sicheren Arbeiten nichts mehr im Wege.

Das optimale Scheitholz

„Es gibt kein schlechtes Holz,
nur schlechtes Werkzeug oder mangelndes Können!"

Charakteristika verschiedener Holzarten

Jedes Holz weist von Natur aus artspezifische Eigenschaften auf. Jahresringe entstehen beispielsweise durch die unterschiedlichen Wachstumsgeschwindigkeiten des Baumes im Frühjahr (helle und breitere Schicht) und Herbst (dünnere und dunkle Schicht). Sind diese eng nebeneinander angeordnet, so hat das zur Folge, dass das Holz härter ist. Breitere Jahresringe sind ein Kennzeichen für weicheres Holz.

Generell kann sowohl frisches Holz, das sogenannte Grünholz, als auch getrocknetes Schnittholz verwendet werden. Grünholz wird hauptsächlich für kleinere Schnitzereien verwendet, die ausschließlich mit dem Schnitzmesser angefertigt werden. Dennoch hat die Bearbeitung von Frischholz auch seine Nachteile. Beim Trocknen können sich frische Gehölze beispielsweise noch mehr verändern als bereits getrocknete Holzscheite. Aus diesem Grund kann das Frischholz nur für kleinere Motive verwendet werden. Bei größeren Stücken ist die Spannung während der Trocknungsphase zu groß, sodass die Gefahr besteht, dass diese reißen. Ein Vorteil von der Verwendung von frischem Holz ist, dass auch Harthölzer wie Holunder, Hasel oder Obsthölzer genutzt werden können, da sie in frischem Zustand leichter zu bearbeiten sind.

Von erfahrenen Holzschnitzern werden grundsätzlich drei verschiedene Holzarten bevorzugt: Das zu den Laubbäumen gehörende **Ahornholz** sowie das **Lindenholz** und das zu den Nadelbäumen gehörende **Zirbelholz**.

Ahorn

Der Ahorn kommt in Europa, Asien und Nordamerika vor. Er ist dort mit rund 200 verschiedenen Arten vertreten. In Deutschland heimisch sind der Berg-, Spitz- und Feldahorn. Zum Schnitzen werden allerdings die beiden hochwachsenden Holzarten des Bergahorns und des Spitzahorns bevorzugt. Hauptsächlich wird das Edellaubholz allerdings zum Möbelbau verwendet.

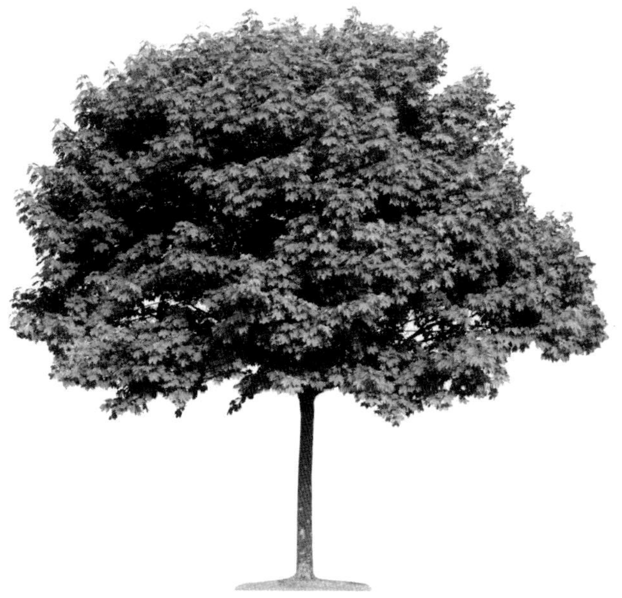

Während das Holz des Spitzahorns eine etwas rötliche Färbung aufweist, erscheint das Holz des Bergahorns eher cremefarben bis gelblich. Die Jahresringe des Ahorns kann man in der Regel gut erkennen und das Holz ist oft von unregelmäßigen Poren durchzogen. Generell weisen Berg- und Spitzahorn aber eine vergleichsweise dezente Maserung auf. Ahornholz neigt zudem während der Trocknung dazu, sich zu verfärben. Um das zu verhindern, ist nach dem Fällen ein schnelles Zuschneiden und vertikales Einlagern zu empfehlen. Das Ahornholz zählt generell zu den harten Holzarten, dadurch ist es auch eher schwer zu schnitzen und somit weniger gut für Anfänger geeignet. Für größere Holzfiguren über 40 cm wird das Ahornholz eher selten verwendet. Vorteil des harten Holzes ist, dass es bei der ersten Bearbeitung durch eine Kopierfräse nicht ausfranst. Auch die Holzoberfläche des Ahorns lässt sich gut bearbeiten und eignet sich hervorragend zum Beizen, Polieren, Lackieren oder Einfärben.

Linde

Die Linde ist hauptsächlich in Europa verbreitet. Es gibt hier zwischen 20 und 45 verschiedene Arten. In Deutschland ist die Linde durch die Sommerlinde, die Winterlinde und die Holländische Linde vertreten, die eine Kreuzung aus den beiden ersten Arten darstellt. Das Holz dieser drei Arten ist auch das beliebteste Lindenholz zum Schnitzen.

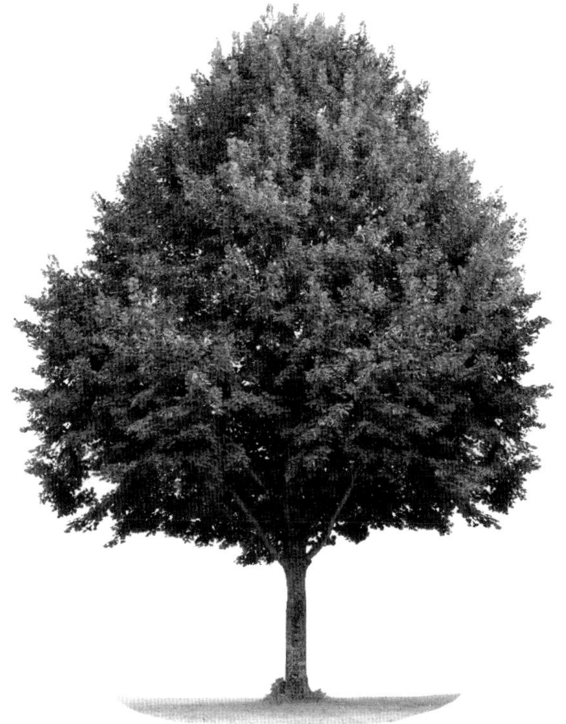

Das Lindenholz besteht aus einem hellen Kernholz und ist vom Splintholz kaum zu unterscheiden. Es ist teilweise mit rötlich bis braunen Einschlägen durchzogen. Die Jahresringe der Linde sind nur schwach zu erkennen und Poren sind im Vergleich zum Ahorn regelmäßig angeordnet. Zwischen Sommer- und Winterlinde gibt es keinen nennenswerten Unterschied in der Holzstruktur und -farbe. Lindenholz ist das ideale Holz zum Schnitzen, da es sich einfach bearbeiten lässt. Schneiden, Biegen, Schälen oder Hobeln sind kein Problem und auch das Behandeln der Oberfläche ist bei dieser Holzart unproblematisch. Da vor allem Lindenholz in der Vergangenheit zur Herstellung von Weihnachtskrippen und anderen religiösen Figuren benutzt wurde, wird es auch als „heiliges Holz" bezeichnet.

Zirbel

Die Zirbel gehört zu den Kieferngewächsen und ist somit eine Nadelholzart. Sie wächst ausschließlich in Gebirgen in Höhen von 1.300–2.900 Metern und kommt daher in Deutschland auch nur in den Alpen vor. Viele ältere Bäume stehen eher vereinzelt, im Verbund kommen die seltenen Bäume hauptsächlich mit Lärchen vor.

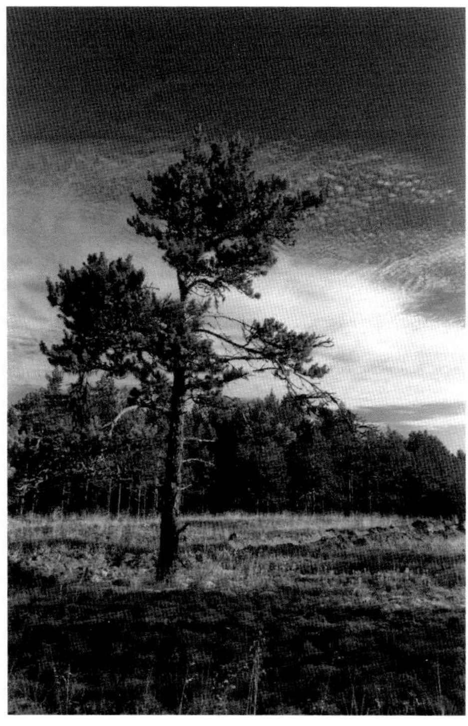

Das Zirbelholz erfreut sich als Schnitzholz großer Beliebtheit. Doch auch zum Bau von Möbeln wird es gerne verwendet und man sagt dem Holz durch seine ätherischen Öle eine gesundheitsfördernde Wirkung nach. Das spiegelt sich allerdings auch im Preis wider, das Holz ist um ein Vielfaches teurer als beispielsweise Fichtenholz. Bei Zirbelholz handelt es sich um ein sehr weiches Holz, was sich dadurch besonders gut bearbeiten lässt. Zudem punktet es mit wenig Gewicht und ist auch optisch sehr ansprechend. Während das Kernholz eher rötlich erscheint, ist das Splintholz gelblich. Deutlich erkennbare Jahresringe und regelmäßig verteilte Astansätze tragen zur Attraktivität dieser Holzsorte bei. Auch bei der Trocknung ist das Holz eher unkompliziert. Möchte man allerdings die Oberfläche des Zirbelholzes bearbeiten, sollte man stets den hohen Anteil an Harz im Holz bedenken.

Weitere zum Schnitzen geeignete Holzarten

Eiche

Die Verbreitung der Eiche reicht über Nord- und Südamerika bis hin zu Eurasien und Nordafrika. Auch in Deutschland ist die Art weit verbreitet und nach der Rotbuche die am häufigsten in Deutschland vorkommende Baumart. Häufigste Vertreter sind die Stiel- und die Traubeneiche, deren Holz auch bevorzugt in der Industrie verwendet wird, da es sich durch seine Wetterbeständigkeit auszeichnet.

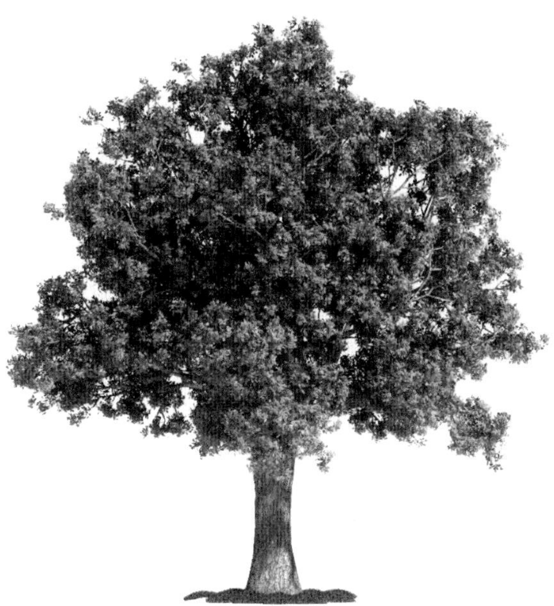

Das Splintholz der Eiche ist relativ schmal und stellt sich in einem gelblich bis weißen Farbton dar. Es eignet sich allerdings nicht zur Verarbeitung. Das Kernholz ist je nach Individuum hell- bis dunkelbraun. Die Jahresringe sind gut zu erkennen und durch seine regelmäßige Struktur ist das Holz sehr beliebt. Durch seine enorme Resistenz gegenüber Umwelteinflüssen, vor allem Feuchtigkeit, zählt die Eiche zu den wertvolleren Baum- bzw. Holzarten. Weiterer Vorteil ist, dass die Eiche trotzdem zu den Harthölzern gehört, sich sehr gut bearbeiten lässt und daher auch hervorragend zum Schnitzen geeignet ist. Gedämpftes Eichenholz ist dabei etwas weicher und biegsamer. Auch die Behandlung der Oberfläche kann bei dieser Holzart problemlos erfolgen.

Lärche

Wie die Zirbel gehört auch die Lärche zu den Kieferngewächsen und damit zu den Nadelbäumen. Ihre natürliche Verbreitung hat die Lärche in Europa, Asien und Nordamerika und kommt dort mit rund 20 verschiedenen Arten vor. In Deutschland ist die Europäische Lärche der Hauptvertreter.

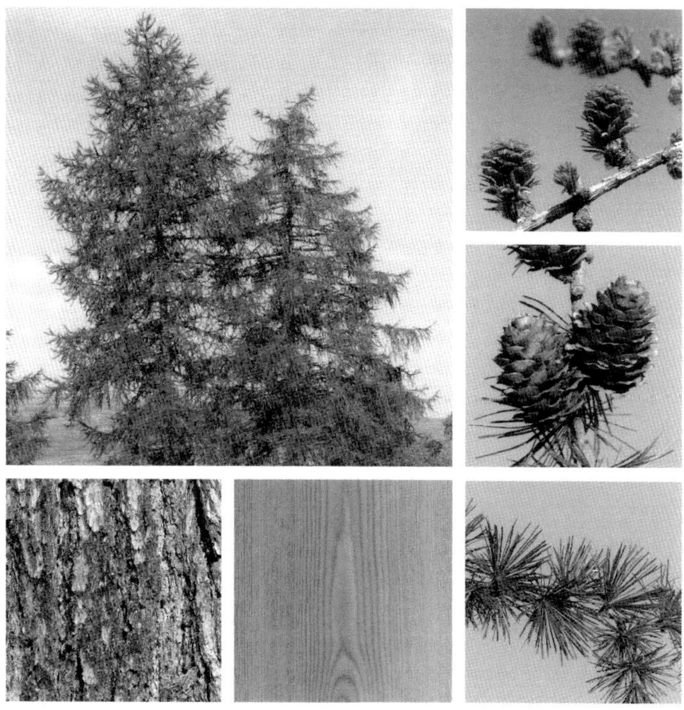

Ein sehr markantes Merkmal von Lärchenholz ist der deutliche Farbunterschied zwischen Kern- und Splintholz. Dabei ist das Splintholz hellgelb, manchmal auch leicht rötlicher Natur und das Kernholz deutlich dunkler und rot bis braun. Dabei ist das Splintholz deutlich schmaler als der Bereich des Kernholzes. Zu beachten ist auch, dass das Holz zudem unter Lichteinfluss noch einmal nachdunkelt. Die Jahresringe sind deutlich zu erkennen und der Splint ist meist mit regelmäßigen Astansätzen durchzogen. Lärchenholz zeichnet sich ähnlich dem Zirbelholz durch seinen aromatischen Duft aus. Es gehört zu den schwereren und härteren Holzarten und besitzt eine hohe Festigkeit und Witterungsbeständigkeit. Dennoch lässt sich das Lärchenholz gut bearbeiten. Es neigt dazu, während der Trocknungsphase zu reißen, sodass eine gründliche Trocknung vor der Bearbeitung unabdingbar ist. Durch den hohen Harzgehalt stellt die Behandlung der Oberfläche ein Problem dar, durch seine Widerstandsfähigkeit ist das jedoch auch nicht unbedingt nötig.

Ulme

Die Ulme gehört zu den Laubbäumen und ist auf der gesamten Nordhalbkugel in der gemäßigten Zone verbreitet, sprich in Europa, Asien und Nordamerika beheimatet. Die Ulme wird durch ca. 40 verschiedene Arten vertreten. In Deutschland kommen Arten wie die Flatterulme, die Feldulme oder die Bergulme vor. Vor allem in Mitteleuropa ist die Ulme durch einen Pilz bedroht, der durch eine Käferart übertragen wird. Die Verbreitung geht deshalb stark zurück und es ist eher selten, einen älteren Ulmenbaum zu finden.

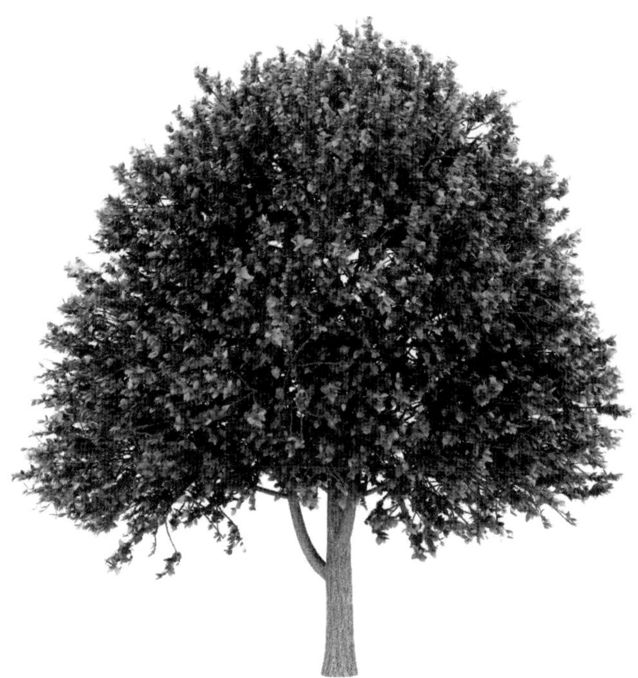

Die drei Ulmenhölzer der Feld-, Flatter- und Bergulme unterscheiden sich farblich voneinander. Während das Kernholz der Feldulme rötlich bis dunkelbraun ist, stellt sich das Kernholz der Bergulme hellbraun bis rot und das Kernholz der Flatterulme hellgrau bis braun dar. Dabei lassen sich Splint- und Kernholz bei allen Arten deutlich voneinander trennen. Ulmenholz zählt zu den optisch sehr beliebten Hölzern, lässt sich aber nur mäßig gut bearbeiten. Die Flächen rauen bei der Bearbeitung teilweise auf und das Holz neigt zu Rissen und Verwerfungen, sodass auch die Trocknung mit größtmöglicher Vorsicht erfolgen muss. Die Behandlung der Oberfläche des Ulmenholzes stellt keine Probleme dar.

Kastanie

Die Kastanie gehört zur Pflanzenfamilie der Buchengewächse. Genau wie die Verbreitung der Ulme begrenzt sich auch die Verbreitung der Kastanie auf die gemäßigte Zone der Nordhalbkugel. Mit ca. 12 Vertretern ist die Kastanie eine eher kleinere Pflanzengattung. In Deutschland ist diese nur durch die Edelkastanie vertreten und wird sowohl wegen ihrer essbaren Früchte als auch als Holzlieferant geschätzt.

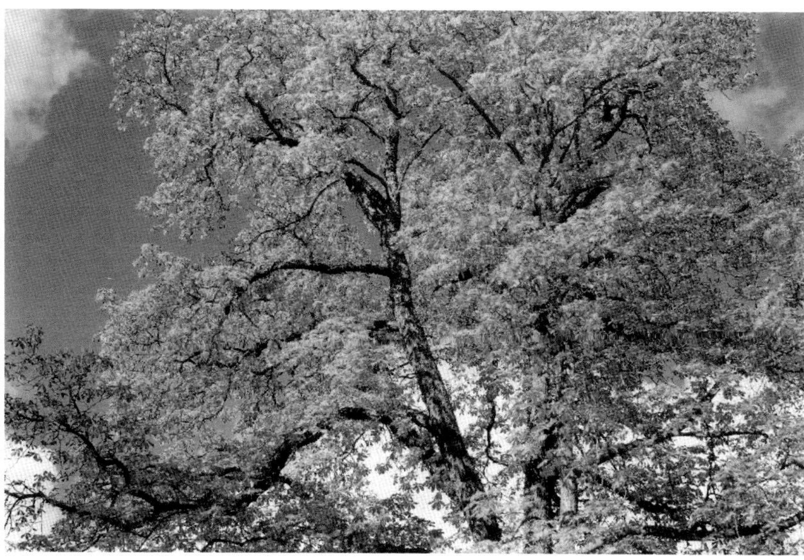

Das Holz der Kastanie hat eine schöne goldene bis braune Farbe ohne eine stark ausgeprägte Struktur. Die Jahresringe der Kastanie sind deutlich zu erkennen. Durch den geraden Faserverlauf des Holzes kann dieses gut gebogen und bearbeitet werden. Eine Behandlung der Oberfläche wie Beizen und Polieren sowie mit Farbe oder Lack nimmt das Holz gut an. Ein natürlich hoher Gehalt an Gerbsäure im Holz macht dieses sehr witterungsbeständig, weshalb es sehr gerne für Außenarbeiten eingesetzt wird. Zum Schnitzen ist die Kastanie ebenfalls sehr beliebt, vor allem für Figuren im Außenbereich, da diese ohne weitere Behandlung Wind und Wetter trotzen.

Pappel

Die Pappel gehört zur Familie der Weidengewächse und kommt genau wie Ulme und Kastanie vor allem in den gemäßigten Zonen der Nordhalbkugel vor. In Deutschland ist die Pappel durch die folgenden Arten vertreten: Schwarz-, Silber- und Zitter-Pappel sowie der Hybrid der Grau-Pappel.

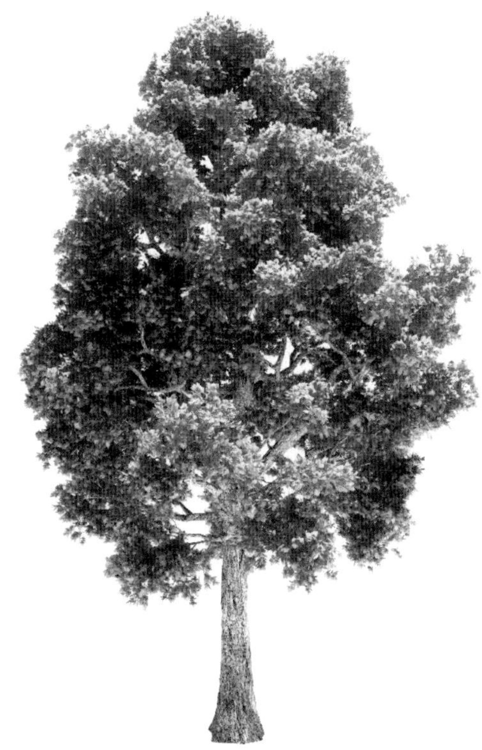

Bei allen Arten der Pappel ist das Kernholz farblich kaum vom Splintholz zu unterscheiden und das Holz ist farblich sehr ähnlich. Der hohe Zelluloseanteil im Holz macht dieses sehr flexibel und gut bearbeitbar. Auch dank der verwachsenen Jahresringe neigt es nicht dazu, schnell zu reißen. Daher gilt das Pappelholz, welches zu den Laubholzarten zählt, zwar als Laubholz, jedoch mit Nadelholzeigenschaften. Das Holzbild der Pappel ist wenig abwechslungsreich und eher langweilig, sodass eine Schnitzerei aus dieser Holzart meist eine Bemalung nach sich zieht.

Eibe

Auch die Verbreitung der Eibe beschränkt sich auf die gemäßigten Zonen der Nordhalbkugel, dennoch ist die Eibe heute eher selten zu finden. Die besonderen Eigenschaften machten das Eibenholz schon in der Vergangenheit sehr beliebt. Durch ein zusätzliches langsames Wachstum kam es dazu, dass die Eibenbestände sich nach eifrigem Fällen in den letzten Jahrhunderten nicht mehr erholen konnten.

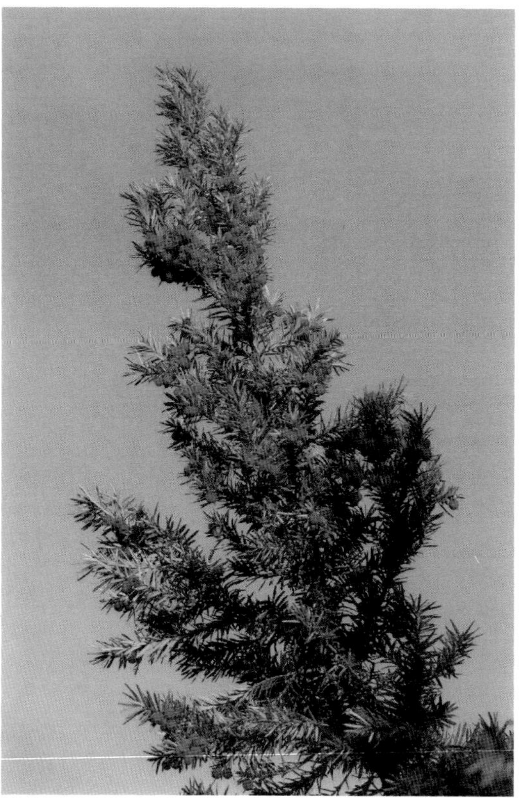

Als einziger heimischer Nadelbaum in Deutschland ist die Eibe harzlos, was eine Behandlung mit Lack oder Politur unproblematisch macht. Die Jahresringe sind deutlich zu erkennen, was dem Eibenholz eine großartige Struktur gibt. Man muss allerdings beachten, dass es sich hierbei um eine giftige Baumart handelt. Das Holz eignet sich daher nicht für Schnitzereien, die als Kinderspielzeug oder zum Essen von Lebensmitteln, wie beispielsweise Löffel, bestimmt sind. Eibenholz ist ein schweres und zähes Holz, eignet sich durch seine Elastizität allerdings bestens für Schnitzarbeiten.

Kirsche

Die Kirsche ist die Wildform der sogenannten Süßkirsche, welche in Deutschland im Obstanbau zum Einsatz kommt. Die Wilde Kirsche oder auch Vogelkirsche kommt in ganz Europa natürlich vor, Ausnahmen sind jedoch einige Teile der Mittelmeerküste sowie Nordosteuropa. Auch in Nordamerika, Teilen Asiens und Nordafrika ist die Kirsche bereits eingebürgert.

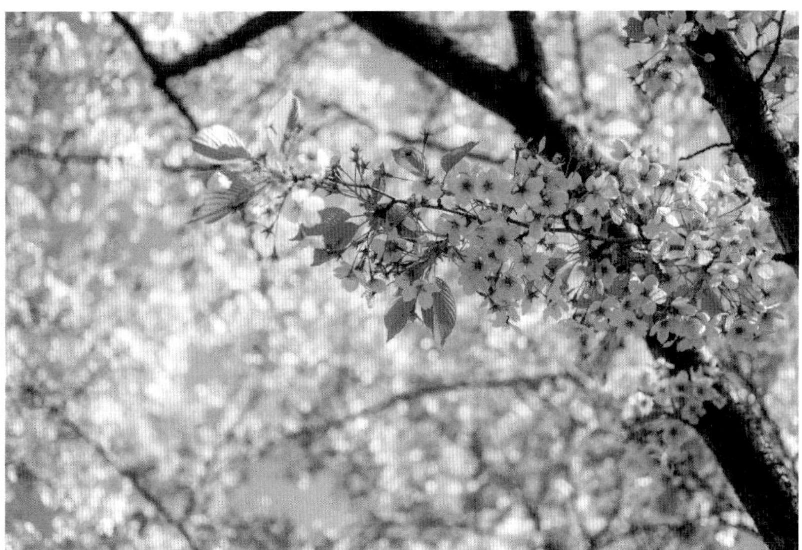

Im frischen Zustand ist das Splint- vom Kernholz so gut wie nicht zu unterscheiden. Der Splint ist ca. zwei bis fünf cm breit und hat eine gelbliche bis hellrötliche Farbe. Unter dem Einfluss von Licht dunkelt der Kern des Holzes allmählich nach und erreicht eine dunkelrötliche bis goldbraune Farbe. Die klare Abgrenzung der Jahresringe sowie dicht gestellte und gleichmäßige Holzstrahlen verleihen dem Holz ein dekoratives Aussehen und machen es sehr beliebt für Möbel. Das Holz der Kirsche ist für den Außeneinsatz nicht geeignet, da es nicht sehr witterungsbeständig ist. Die Bearbeitung des harten, aber leicht zähen Holzes ist problemlos.

Exotische Holzarten

Auch außergewöhnlichere Holzarten können zum Schnitzen verwendet werden. Olivenholz zeichnet sich beispielsweise durch seine interessante Maserung und den dunklen Kern aus und ist dadurch besonders dekorativ. Je nach Individuum können die Farbtöne des Holzes über Grün, Gelb oder Rot variieren. Zum Schnitzen eignet sich auch das massive und schwere Mandelholz, dessen Stamm leicht verdreht wächst. Durch die Härte des Holzes ist es jedoch eher weniger für Anfänger geeignet. Auch das Holz der Feige und jenes der Birne können zum Schnitzen verwendet werden.

ARBEITSGERÄTE

Die Angebote an Schnitzmessern sind riesengroß, doch was benötigt man eigentlich wirklich? Einige Schnitzer behaupten, dass das Einzige, was zum Schnitzen nötig ist, ein Stück Holz und ein Taschenmesser sind, solange dieses gut geschärft ist. Das stimmt nur teilweise, da für feinere und kompliziertere Arbeiten ein spezielles Schnitzmesser von Vorteil sein kann. Und nicht nur die diversen Schnitzeisen sind für Holzschnitzarbeiten unerlässlich. Es gibt eine Vielzahl von Hilfsmitteln, die das Schnitzen enorm vereinfachen können. Im Folgenden werden alle Tricks und Kniffe beschrieben, die Ihnen das Leben beim Holzschnitzen erleichtern können.

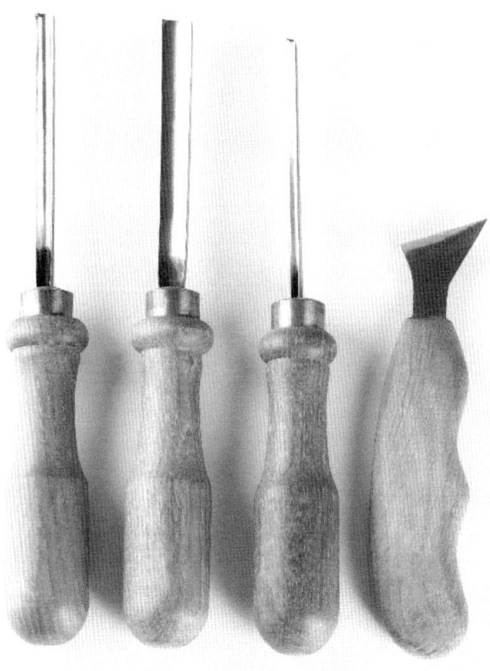

Werkzeuge

Möchte man mit dem Holzschnitzen beginnen, braucht man allem voran Schnitzwerkzeug. Es ist sehr verlockend, günstige Angebote aus dem Baumarkt anzunehmen und sich dort ein Set für 30 Euro zu kaufen. Man möchte ja nur erst einmal schauen, ob das Holzschnitzen auch etwas für einen ist. Sie werden allerdings sehr schnell den Spaß verlieren, wenn sie mit solch günstigen Werkzeugen arbeiten. Die Messer haben oft eine viel zu kurze Klinge und sind nicht ausreichend gehärtet. Wahrscheinlich können Sie ein paar Schnitte damit machen, aber dann ist der Spaß leider schon vorbei. Ein gutes Schnitzwerkzeug muss eben hart genug sein, so dass es möglichst lange durch das harte Holz gleitet. Sollten Sie zunächst eine günstigere Variante suchen, versuchen Sie es doch vielleicht einmal mit gebrauchten Schnitzeisen.
Doch was sollte ein solches Set alles beinhalten bzw. was benötigt man zum Schnitzen?

Schnitzmesser oder Schnitzeisen:

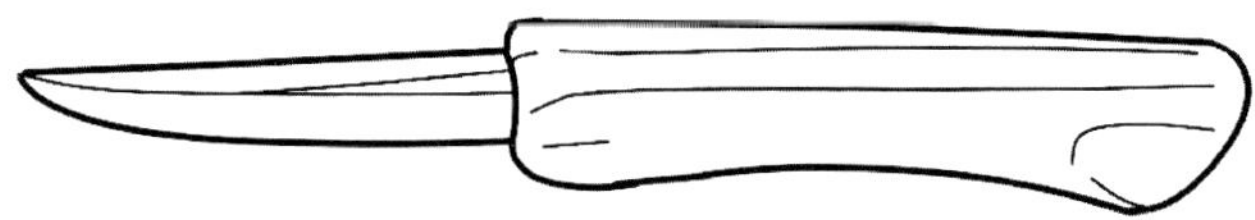

Ein normales Schnitzmesser kann in allen Bereichen der Schnitzerei eingesetzt werden und ist sehr universell. Das traditionelle Schnitzmesser sollte daher in keinem Schnitzeisenset fehlen.

Balleisen:

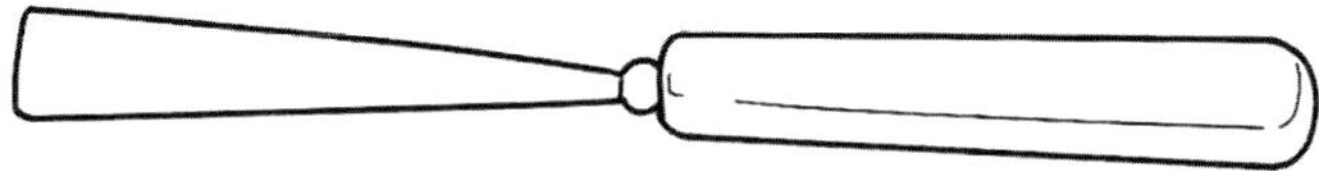

Als Balleisen wird ein Messer mit einer flachen und geraden Schneide bezeichnet. Interessanterweise werden mit diesem Schnitzmesser meist Rundungen geschnitzt. Für gerade Flächen kann es nicht genutzt werden, da bei geraden Schnitten mit diesem Messer die Holzfasern an den Schneidekanten reißen. Das Balleisen kann in verschiedenen Breiten erworben werden.

Flacheisen:

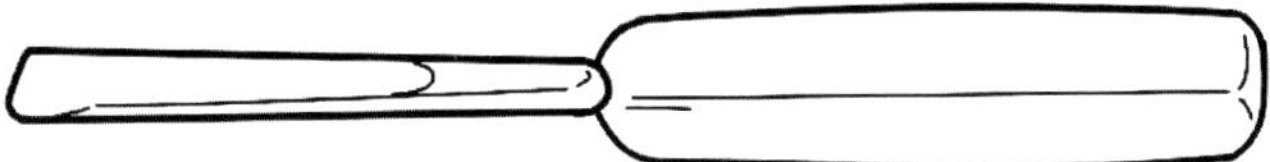

Flacheisen haben eine leichte Höhlung. Es gibt auch diese in verschiedenen Breiten. Verwendung finden diese interessanterweise beim Schnitzen von geraden Flächen oder auch beim Schnitzen von Rundungen.

Hohleisen:

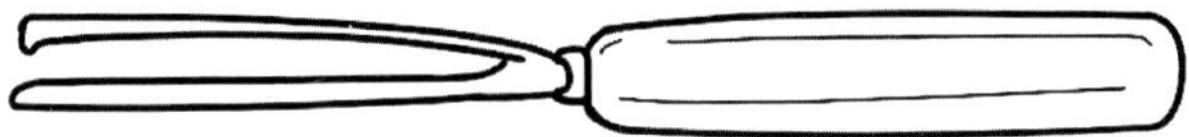

Die Hohleisen haben im Vergleich zum Flacheisen eine tiefere Höhlung. Auch diese können in verschiedenen Breiten erworben werden. Man verwendet diese Schnitzeisen zum Ausarbeiten von Vertiefungen und Furchen.

Bohreisen:

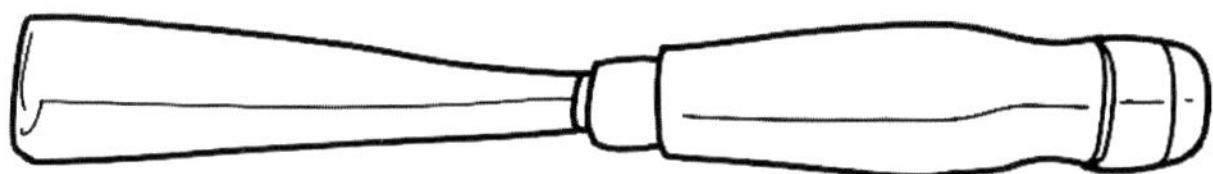

Die stärkste Höhlung haben die sogenannten Bohreisen. Sie sind oft halbkreis- oder sogar u-förmig und werden verwendet, um Löcher oder stärkere Vertiefungen zu schnitzen. Mit diesen Schnitzeisen kann man einfach größere Mengen an Holz wegnehmen, weshalb sie auch zur Vorarbeit für beispielsweise Figuren verwendet werden.

Geißfuß:

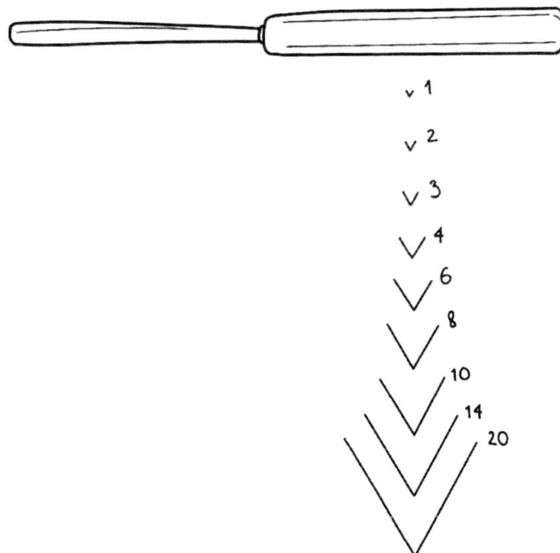

Der Geißfuß hat eine v-förmige Schneide und wird verwendet, um harte bzw. schärfere Kanten auszuarbeiten. Das ist vor allem bei Figuren nötig, z. B. beim Modellieren von Haaren oder auch beim Schnitzen von Schriften. Der Geißfuß kann wie alle anderen Schnitzeisen in verschiedenen Größen erworben werden.

Blumeneisen:

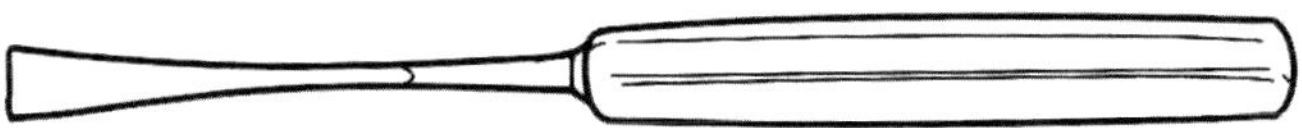

Das Blumeneisen ist ein spezielleres Werkzeug. Die Klingenbreite verläuft nach hinten schmal zusammen und auch der Schaft ist nur sehr schmal. Das Schnitzeisen wird verwendet, um in engeren Vertiefungen genügend Bewegungsfreiheit zu haben.

Zudem gibt es noch andere speziellere Schnitzeisen mit außergewöhnlichen Formen der Schneide. Diese werden eher von professionellen Holzschnitzern verwendet. Dazu zählen z. B. das Kanaleisen, das Schallereisen, das Backeronieisen und Macaronieisen.

Hilfsmittel

Eine Reihe von Hilfsmitteln erleichtert Ihnen das Schnitzen erheblich, sind jedoch keinesfalls unentbehrlich. Wer sein Holzstück mit Schnitzeisen bearbeitet, sollte dieses beispielsweise einspannen und nicht in der Hand halten, da man für die Verwendung der Schnitzeisen beide Hände benötigt. Daher ist eine **Werkbank mit Schraubstock**, in dem das Holzstück eingespannt werden kann, von Vorteil.

Vor allem fortgeschrittenere Holzschnitzer arbeiten vorzugsweise bei großen Stücken mit einem sogenannten **Klopfholz** oder **Holzhammer**. Dabei wird mit der einen Hand das Schnitzeisen geführt und mit der anderen Hand das Klopfholz auf das Heft des Schnitzeisens geschlagen. So kann schneller und mit mehr Kraft und Druck gearbeitet werden. Vor allem bei Hartholzarten ist ein Klopfholz von Vorteil.

Weitere Utensilien, die Ihnen hilfreich sein könnten, sind:

- Ein **Pinsel** zum Entfernen der Späne (bitte niemals mit der Hand entfernen, da Sie Schmutz und Fett der Haut auf das Holzstück übertragen, das weitere Bearbeiten wird dadurch erschwert)
- **Zirkel** und **Winkellineal** zum Aufzeichnen von Vorlagen
- Schmirgelpapier zum abschließenden Bearbeiten Ihres Kunstwerkes
- Versiegelung wie **Wachs** oder **Lack**, um Ihrem Kunstwerk das letzte Finish zu geben
- Ein **Handhobel** und eine kleine **Säge**, um das Holzstück auf die richtige Größe zuzuschneiden und eine glatte Oberfläche zu schaffen, um Vorlagen besser übertragen zu können
- **Pauspapier** oder **Butterbrotpapier** zum Übertragen der Vorlagen
- Evtl. **Handschuhe** oder **Daumenschutz** zum Arbeiten, damit die Verletzungsgefahr verringert wird

Tipps zum Erwerb

Auch beim Erwerb des Schnitzeisensets gibt es einige Dinge zu beachten, von denen man auf jeden Fall einmal gehört haben sollte.

Achten Sie beispielsweise auf die Größe der Schnitzeisen. Nehmen Sie die Eisen, wenn möglich, in die Hand und schauen Sie, wie wohl Sie sich damit fühlen. Haben Sie z. B. kleiner Hände, so sind auch kleinere Schnitzmesser und Schnitzeisen zu empfehlen. Zudem sollten Sie auf hochwertige Materialien achten. Schnitzeisen müssen extrem hart sein, wenn sie länger als ein paar Schnitte durch das Holz gleiten sollen. Hartstahl, der mit Weichstahl überzogen ist, bleibt beispielsweise länger scharf. Eine richtige Härtung des Materials ist ebenfalls unerlässlich. Informieren Sie sich am besten vorher über die Firma, bei der Sie kaufen möchten. Der Ruf eilt den meisten Firmen voraus. Zudem ist darauf zu achten, dass bei den Schnitzmessern die Klinge nur von einer Seite geschärft ist. Diese weisen eine schärfere Kante auf als Messer, die von beiden Seiten geschärft sind.

Haben Sie bereits den Spaß am Holzschnitzen entdeckt, so investieren Sie in Ihr Hobby. Geben Sie etwas mehr Geld für die richtigen Werkzeuge aus und Ihre Arbeiten werden davon profitieren. Beim Holzschnitzen ist es tatsächlich so, dass man mit günstigen Schnitzmessern und -eisen einiges falsch macht.

Grundkurs Schnitzen

Möchte man das Schnitzen erlernen, so muss man sich zunächst einige theoretische Grundlagen aneignen. Holzschnitzen ist keine Handwerksfertigkeit, bei der man einfach drauflos schnitzen kann, getreu dem Motto „Learning by doing". Das mag mit anderen Hobbys funktionieren, jedoch nicht beim Holzschnitzen. Sie werden sehr schnell die Lust verlieren, wenn Sie sich nicht für das richtige Holz entscheiden oder nicht die richtigen Techniken kennen oder anwenden können. Daher finden Sie in diesem Kapitel eine kleine Einführung in die Schnitzkunst, erfahren, worauf Sie bei den ersten Schnitten achten müssen, und Sie lernen die verschiedenen Möglichkeiten kennen, wie geschnitzt werden kann. Am Ende ist zudem ein kleines Anfängerprojekt beschrieben, das sich wunderbar als Einstieg in die Holzschnitzerei eignet.

Das Führen des Schnitzwerkzeugs

Der Verlauf der Holzmaserung und wie man dementsprechend das Schnitzeisen ansetzen kann, ist von großer Bedeutung, derer man sich unbedingt bewusst sein sollte.

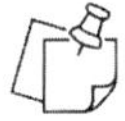

Als Maserung bezeichnet man den Verlauf der Holzfasern innerhalb eines Holzstückes. Schaut man sich einen kompletten Baumstamm an, so verläuft die Maserung immer längs entlang des Stammes.

Man kann sowohl gegen die Maserung, also quer arbeiten, als auch mit der Maserung in Längsrichtung. Diagonale Schnitte zur Maserung sind die anspruchsvollsten.

Längs zur Maserung

Setzt man Schnitte längs zur Maserung, wird man schnell merken, dass diese Schnitte am wenigsten Druck benötigen, da es vom Kraftaufwand her sehr einfache Schnitte sind.

Quer zur Maserung

Bei Arbeiten quer zur Maserung muss man feststellen, dass diese Schnitte schon mehr Druck benötigen und es wichtig ist, dass das Schnitzwerkzeug gut geschärft ist.

Diagonal zur Maserung

Der diagonale Schnitt ist deshalb so anspruchsvoll, weil man auf einer der beiden Seiten gegen die Fasern schneiden muss, was dazu führt, dass diese Seite schnell ausfranst und aufreißt. Daher ist es besonders wichtig, dass man sich damit vertraut macht, in welche Richtung die Maserung verläuft, und dementsprechend auch seine Schnitte in die richtige Richtung arbeitet. Beim diagonalen Schnitt ist das nicht immer zu 100 % möglich. Daher ist es besonders wichtig, hier mit einem scharfen Eisen zu arbeiten.

Um die Kante schön sauber zu arbeiten, geht man mit dem Scheitelpunkt des Hohleisens an die Kante heran. Dabei wird die eine Hand hinten am Schaft geführt und mit der anderen Hand kann man den Druck direkt vorne auf das Eisen geben.

Vorbereitung: Das Schärfen der Eisen

Der Trick beim Schnitzen ist es, die Eisen gar nicht erst stumpf werden zu lassen. Je besser die Eisen geschärft sind, desto besser lässt sich auch mit ihnen arbeiten. Gleiten die Eisen nicht mehr gänzlich ungehindert durch das Holz, so reicht es oft, wenn die etwas stumpfen Schnitzeisen mit Polierpaste über ein Leder gezogen werden. Sollten die Schnitzeisen allerdings abgerundet sein, d. h. nicht mehr ihre ursprüngliche Form haben, so müssen diese nachgeschliffen werden. Auch kleinere Ausbrüche der Schneide können vorkommen, auch dann muss nachgeschliffen werden und die Polierpaste reicht nicht mehr aus.

Einige Holzschnitzer benutzen zum Schleifen elektrische Schleifmaschinen. Hierbei muss man darauf achten, dass die Schnitzeisen nicht zu heiß werden, da sie ansonsten unbrauchbar werden, weil sie ihre Härte verlieren. Eine Nassschleifmaschine ist daher zu bevorzugen, bei der im Wasserbad geschliffen wird und dadurch automatisch eine Kühlung erfolgt.

Einige Holzschnitzer bevorzugen das Schleifen von Hand, dabei werden die Schnitzeisen auf einem Wetzstein geschliffen, der in Öl oder Wasser getränkt ist. Hierbei erfolgt nichts automatisch und alles muss per Hand bearbeitet werden. Das erfordert ein wenig Übung, denn der Winkel, in dem ein Schnitzmesser geschliffen werden muss, ist sehr individuell.

Falls Sie sich die Mühe nicht machen wollen, Ihre Schnitzmesser selbst zu schleifen, so können Sie diese ebenfalls in ein Fachgeschäft für Küchengeräte bringen, das auf das Schleifen von Messern spezialisiert ist.

VORLAGEN SICHER ÜBERTRAGEN

Um sich etwas zu orientieren, was man aus einem Holzstück schnitzen möchte, hilft es sehr, sich mit Bleistift einige Markierungen zu setzen. Möchte man ein komplettes Bild auf das Holzstück übertragen, sollte man zunächst die Oberfläche glatthobeln, um Unebenheiten, die das Aufmalen erschweren, zu vermeiden.

Hierfür kann zum einen ein Pauspapier verwendet werden, das genau für diesen Zweck hergestellt wird. Die Vorlage kann dann ausgedruckt, mit Klebeband auf dem Pauspapier befestigt und mit einem Bleistift nachgemalt werden. Durch die Beschaffenheit des Pauspapiers wird die Vorlage 1:1 auf die Oberfläche des Holzstücks übertragen.

Zum anderen kann man dafür auch ganz normales sogenanntes Butterbrotpapier verwenden. Es ist etwas aufwendiger als die Verwendung von Pauspapier, klappt aber genauso gut. Hierzu wird das Butterbrotpapier auf die ausgedruckte Vorlage geklebt und anschließend werden alle Umrandungen mit einem weichen Bleistift auf das Butterbrotpapier übertragen. Nun wird das Papier auf das Holzstück geklebt, mit der bemalten Seite nach unten zeigend. Die Umrandungen werden nun wieder mit einem Bleistift – dieser sollte hart oder mittelhart sein – nachgemalt, sodass sich der Bleistift auf der Unterseite des Papiers auf das Holzstück überträgt.

Sollten Sie keines der beiden Papiersorten zu Hand haben, ist es auch möglich, sich sein eigenes Pauspapier herzustellen. Dazu wird die ausgedruckte Vorlage auf der Rückseite mit einem Bleistift schraffiert. Malt man nun die Vorlage nach, wird der Bleistift an entsprechenden Stellen auf das Holzstück übertragen. Das funktioniert beispielsweise auch mit einem weißen Buntstift auf dunklerem Untergrund. Das ist besonders hilfreich, wenn dunkle Holzarten geschnitzt werden, auf denen der Bleistift nicht gut erkennbar ist.

GRUNDPROJEKT: DAS ERSTE SCHNITZEN

Projekt 1: Kennenlernen der Struktur des Holzes

Wie bereits im Kapitel „Das Führen des Schnitzwerkzeugs“ beschrieben, ist es zunächst sehr wichtig, dass Sie die Struktur des Holzes kennenlernen. Zeichnen Sie sich dazu auf dem Holzstück eine Kerbe entlang der Maserung, eine Kerbe quer zur Maserung und eine Kerbe diagonal zur Maserung auf. Erstellen Sie sich eine Vorlage und zeichnen Sie alle drei Schnittarten auf das Holzstück auf.

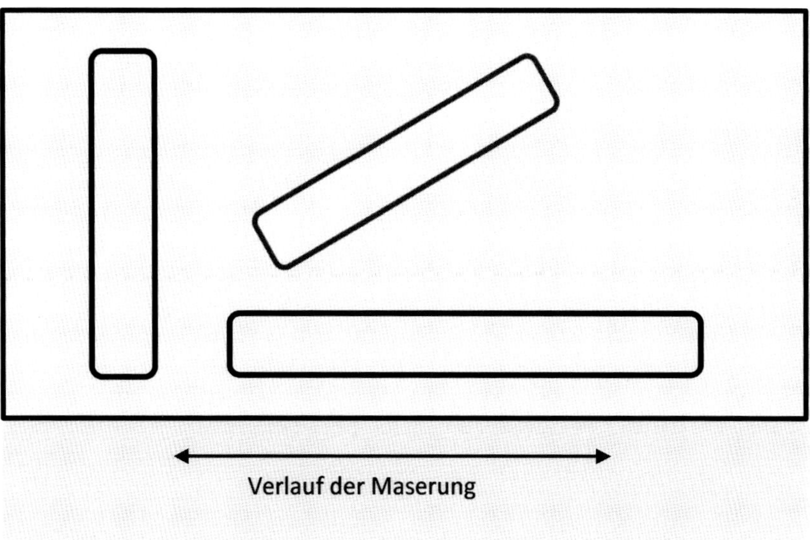

Sie benötigen für Ihr erstes Projekt:

- Ein Holzbrett, 2-3 cm dick, am besten aus einem gut zu bearbeitenden Holz, z. B. der Linde
- Ein Hohleisen (die Größe richtet sich danach, wie breit Ihre Kerben sind, das Hohleisen sollte etwas kleiner als die Breite Ihrer Kerben sein)

Ziel ist es, im Bereich der schwarzen Linie das Holz auszuhöhlen und saubere Kanten entlang der schwarzen Linie zu erzeugen.

Anleitung:

- Benutzen Sie zum Schnitzen ein Hohleisen. Dieses sollte allerdings nicht breiter sein als die Kerbe, die Sie aufgezeichnet haben. Wie stark das Eisen gewölbt sein sollte, ist Geschmackssache. Wenn Sie unterschiedlich stark gewölbte Eisen zur Verfügung haben, probieren Sie einmal aus, mit welchem Eisen Sie solche Arbeiten am besten durchführen können.
- Fangen Sie zunächst damit an, das überschüssige Holz innerhalb der schwarzen Linie zu entfernen.
- Erst im zweiten Schritt sollten Sie versuchen, die Übergänge zwischen den einzelnen Schnitten sauber auszuarbeiten und somit Ecken und Kanten zu vermeiden. Am besten funktioniert das, wenn Sie den Scheitelpunkt des Hohleisens entlang der Linie führen.
- Versuchen Sie, einen langen und sauberen Schnitt auszuführen. Viele kleine Schnitte führen dazu, dass man meist die Ansatzstellen des neuen Schnittes ausmachen kann.

Bitte beachten Sie: Dies ist die erste Schnitzarbeit, die Sie ausführen, es wird nicht gleich alles perfekt laufen. Diese Übung dient dazu, die Struktur des Holzes kennenzulernen und vielleicht ein erstes Verständnis dafür zu schaffen, dass man nicht immer aus jedem Stück Holz das machen kann, was man möchte. Die Struktur des Holzes hat oft ihren eigenen Willen. Also probieren Sie sich aus und lernen Sie das Holz kennen.

Projekt 2: Signalpfeife schnitzen

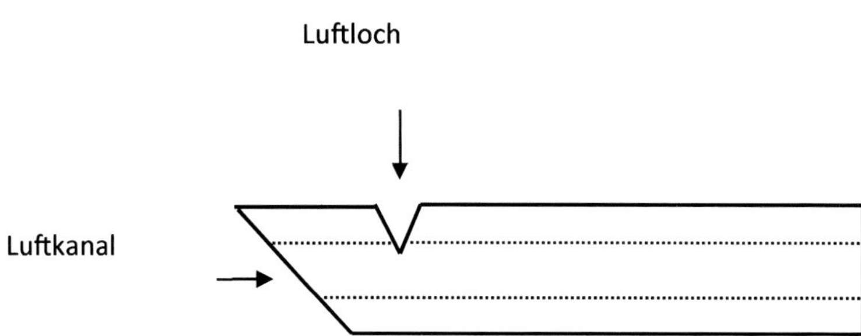

Um eine kleine Signalpfeife zu schnitzen, benötigen Sie unter anderem ein

- kleines Stückchen Grünholz

Des Weiteren brauchen Sie

- ein Taschenmesser mit einer kleinen Säge,
- eine Aale (Stechdorn),
- ein Schnitzmesser und
- ein kleineres Stück Holz als Mundstück, das in die spätere Pfeife passt.

Anleitung:

➢ Zunächst wird das eine Ende des Grünholzes angeschrägt, das wird das Mundstück der Pfeife.

➢ An der gegenüberliegenden Seite schnitzen Sie nun eine kleine Kerbe, das ist das spätere Luftloch, um den Luftstrom beim Pfeifen zu entlassen.

➢ Als Nächstes muss ein Luftkanal geschaffen werden. Dazu wird der Stechdorn benutzt. Dieser wird am Mundstück eingestochen und gedreht, bis sich das innere Holz aus dem Grünholz entfernen lässt. Beim Formen des Luftkanals muss darauf geachtet werden, dass es eine Verbindung zum Luftloch gibt und dass das zweite Holzstück in den Luftkanal hineinpasst. Ist das nicht der Fall, vergrößern Sie gegebenenfalls das Luftloch oder den Luftkanal. Das zweite Holzstück darf den Luftkanal nicht vollständig verstopfen, der Kanal muss also etwas breiter sein als das zweite Holzstück.

➢ Markieren Sie sich anschließend die Stelle, bis zu welcher Sie mit dem Stechdorn die Pfeife aushöhlen konnten.

➢ Geben Sie noch einen bis zwei cm hinzu, dann haben Sie schon die Länge der Pfeife.

➢ Achten Sie darauf, dass auch die Späne vollständig aus dem Luftkanal entfernt werden.

- Sind Sie mit Luftkanal und Luftloch zufrieden, stecken Sie nun das zweite Holzstück in den Luftkanal und markieren sich die Länge so, dass das Stück gut hineinpasst.
- Das zweite Holzstück wird nun zurechtgeschnitten. Ist das Holzstück etwas zu dick und verstopft den Luftkanal komplett, so können Sie auch dieses in der Breite etwas zurechtschnitzen.
- Nun wird die komplette Pfeife auf die entsprechende Länge gesägt und die Kanten werden noch etwas abgerundet. Fertig ist die Signalpfeife.

Von Anfang an: Die Führung des Schnittmessers

Es gibt verschiedene einfache Techniken, die man als Holzschnitzer anwenden kann. Es ist sehr gut, diese zu kennen, allerdings sollten Sie sich zu Beginn nicht darauf versteifen, die Techniken perfekt auszuführen. Vielmehr geht es darum, ein Gefühl für Ihre Arbeit zu bekommen. Setzen Sie nicht alles daran, gleich zu Beginn das perfekte Kunstwerk herzustellen. Am Anfang geht es eher darum, praktische Erfahrung zu sammeln und seine Fertigkeiten zu verbessern.

Es gibt beim Holzschnitzen fünf verschiedene Techniken, wie man Schnitte ausführen kann, die im Folgenden vorgestellt werden:

- der drückende Schnitt
- der ziehende Schnitt
- der Grobschnitt
- der Stoppschnitt
- der Kerbschnitt

Beschreibung der Schnitttechniken

Der drückende Schnitt

Der drückende Schnitt ist der typische Lagerfeuer-Schnitt. Man sitzt da, hat einen Stock in der Hand und fängt an, diesen an der einen Seite anzuspitzen, indem man nach und nach Holzstücke von dem Stock abschält. Genau das beschreibt den drückenden Schnitt.

Um das Holzstück zu schälen, wird das Schnitzmesser leicht gewinkelt an das Holzstück angelegt. Tun Sie dies immer in Richtung der Maserung, damit sich die Späne beim Abschälen zusammenrollt. Der Daumen der Hand, die das Holz hält, wird an die stumpfe Seite der Klinge gelegt. Mit ihr üben Sie den Druck aus, um das Messer durch das Holzstück gleiten zu lassen. Um mehr Kraft aufwenden zu können, können Sie zusätzlich mit dem Daumen der anderen Hand drücken. Doch Vorsicht! Das Schnitzmesser sollte nie gewaltsam durch das Holz gedrückt werden. Hierbei ist die Verletzungsgefahr wirklich groß. Sollte das Messer beispielsweise an einem Ast stecken bleiben, drehen Sie das Holzstück ganz einfach um und schnitzen Sie von der anderen Seite weiter. Mit dem drückenden Schnitt werden immer nur kleine und sehr feine Spanstücke vom Holz entfernt. Insbesondere kurz vor der Fertigstellung eines Kunstwerkes werden mit diesem Schnitt letzte Unreinheiten beseitigt.

Der ziehende Schnitt

Der ziehende Schnitt ist der einzige Schnitt, bei dem Sie in Richtung Ihres Körpers schnitzen dürfen. Dabei wird das Messer fest in die Faust der dominanten Hand genommen, die andere Hand hält das Holzstück fest. Der Daumen der Hand, die das Messer hält, wird auf das Holzstück gedrückt und das Messer wird leicht angewinkelt auf das Holzstück aufgesetzt. Nun ziehen Sie das Messer in Ihre Richtung, dabei wird der Daumen als Hebel eingesetzt. Oft benutzt man diesen Schnitt auch beispielsweise zum Schälen von Obst.

Diese Art des Schnitzens kommt zur Anwendung, wenn Sie beispielsweise Rundungen erreichen wollen. Ein Beispiel hierfür wäre der Griff eines Holzlöffels. Der Schnitt wird an der Stelle verwendet, an der der Griff auf die breiter werdende Stelle des Löffels trifft. Auch an engeren Stellen findet dieser Schnitt Anwendung.

Der Grobschnitt

Wollen Sie größere Holzstücke entfernen, so verwenden Sie den Grobschnitt. Dabei wird das Schnitzmesser in der Faust der dominanten Hand gehalten. Passen Sie dabei auf, dass Sie das Schnitzmesser stets unter Kontrolle behalten. Das Messer wird nun in einem steileren Winkel angesetzt als bei den anderen Schnitttechniken und durch das Holz geschoben. So schaffen Sie es, größere Stücke aus dem Holz zu schneiden. Diese Schnitttechnik erfolgt immer vom eigenen Körper weg. Seien Sie jedoch vorsichtiger bei der Bearbeitung von Weichholzarten, hier kann es schnell passieren, dass unabsichtlich zu viel Holz entfernt wird.

Der Kerbschnitt

Der Kerbschnitt stellt eine sehr alte Technik des Schnitzens dar und wird schon seit Jahrhunderten verwendet, um beispielsweise Muster in eine Holzoberfläche zu schnitzen. Oft wird diese Technik auch verwendet, um eine Gravur in ein Kunstwerk zu schnitzen oder etwa andere Details hinzuzufügen. Diese Technik ist dem Stoppschnitt sehr ähnlich.

Um eine solche Kerbe entstehen zu lassen, wird das Messer in einem bestimmten Winkel entgegen der Maserung des Holzes geschoben. Dabei wird der Daumen auf die Klinge gedrückt. Stoppen Sie an der gewünschten Stelle, dadurch entsteht eine einfache Kerbe. Um diese sauber auszuarbeiten, führen Sie diesen Schnitt aus der entgegengesetzten Richtung durch, sodass eine v-förmige Kerbe entsteht. Sie können diese Schnitte so lange von beiden Seiten wiederholen, bis Sie die gewünschte Tiefe erreicht haben.

Der Stoppschnitt

Der Stoppschnitt ist eine spezielle Art des Kerbschnittes und wird verwendet, um einen rechten Winkel in das Holzstück zu arbeiten. Das kann in vielerlei Hinsicht sehr hilfreich sein.

Dazu wird das Messer in einem bestimmten Winkel entgegen der Maserung des Holzes geschoben. Dabei wird der Daumen auf die Klinge gedrückt. Stoppen Sie an der gewünschten Stelle, dadurch entsteht eine einfache Kerbe. Das Messer kann dabei hin und her bewegt werden, um diese Kerbe noch zu vertiefen. Um letztendlich das Holzstückchen entfernen zu können, wird von der entgegengesetzten Richtung ein schiebender Schnitt bis zur Kerbe durchgeführt. Das Messer wird an der Stelle der bereits vorgearbeiteten Kerbe stoppen und Sie können das überschüssige Holz entfernen. Sie können diesen Vorgang so lange wiederholen, bis Sie die gewünschte Tiefe erreicht haben.

Übung der Schnitttechniken

Projekt 3: Einen Pilz schnitzen

Einen kleinen Pilz aus Holz zu schnitzen, ist gerade für Anfänger ideal. Es ist kein besonders anspruchsvolles Projekt, man kann dennoch verschiedene Schnitztechniken üben und hat am Ende schöne Dekorationen für den Herbst.

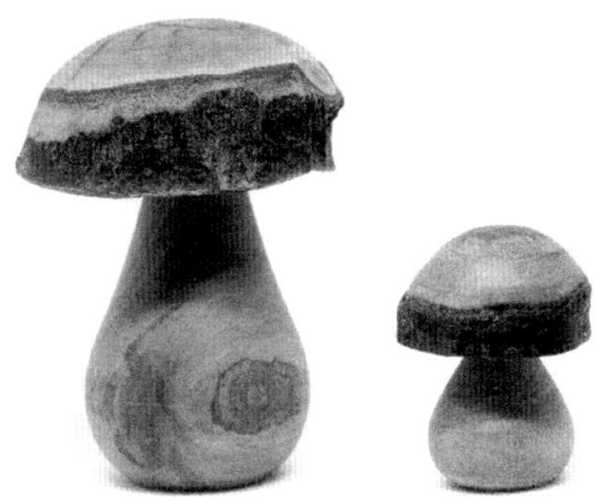

Sie benötigen für dieses Projekt:

- Ein Schnitzmesser
- Ein Stück Grünholz mit 2-3 cm Durchmesser (je nachdem, wie groß der Pilz werden soll), gut eignet sich hierfür Haselnuss
- Eine Holzsäge

Anleitung:

➢ Es empfiehlt sich, zu Beginn mit einem längeren Stück Grünholz zu arbeiten. Als Anfänger ist man sehr mit dem Schnitzen an sich beschäftigt und so hat man einen langen Hebel, an dem man das Holz gut festhalten und kontrollieren kann.

➢ Mit dem Schnitzmesser wird nun mithilfe des Grobschnitts am Ende des Grünholzes die Rinde entfernt.

➢ Mit dem drückenden Schnitt haben Sie nun mehr Kontrolle, um das Ende des Grünholzes weiter zu schnitzen und weitere Holzstücke zu entfernen. Dies machen Sie so lange, bis die typische Rundung des Pilzkopfes entsteht.

➢ Um die letzten Unebenheiten zu beseitigen und den Pilzkopf schön rund zu schnitzen, verwenden Sie nach Belieben wieder den Grobschnitt oder bleiben Sie bei der Technik des drückenden Schnittes.

➢ Nun sollten Sie an einem Ende des Grünholzes eine schöne gleichmäßige Rundung herausgearbeitet haben. Ihr Pilzkopf ist damit bereits fertig.

➢ Um nun mit dem Stiel des Pilzes zu beginnen, setzen Sie das Messer am unteren Rand des Pilzkopfes an und schneiden leicht in das Holz. Durch das Drehen des Holzstückes können Sie sich so eine gleichmäßige Markierung erzeugen, an welcher Sie dann beginnen, den Stiel zu schnitzen. Die Kerbe, die Sie so erzeugt haben, ist Ihre Markierung, hier wird nicht weiter geschnitzt.

➢ Nun benutzen Sie den drückenden Schnitt, um ganz langsam und vorsichtig Holzstücke bis zur Kerbe herauszuarbeiten. So erhalten Sie die scharfe Unterkante des Pilzkopfes.

➢ Achten Sie darauf, dass Sie nicht zu große Stücke herausarbeiten. Ein halber cm in der Länge reicht zunächst, um die Kerbe zu definieren.

➢ Anschließend wiederholen Sie diesen Vorgang und arbeiten sich dabei auch immer weiter nach hinten, um einen längeren Stiel zu erhalten. Dabei muss die Kerbe am unteren Rand des Pilzkopfes gelegentlich erneuert bzw. vertieft werden, damit Sie einen dünnen Stiel bekommen.

➢ Haben Sie mit dieser Technik die Dicke des Stiels erreicht, die Sie wollen, wird nun die Unterseite des Pilzkopfes nachgearbeitet. Hierzu schieben Sie das Messer von außen nach innen und schneiden so rundherum die Unterseite glatt.

➢ Nun können Sie den Pilz vom Rest des Grünholzes entfernen, indem Sie ihn mit einer Säge absägen.

➢ Als Letztes begradigen Sie mit dem Schnitzmesser noch den Boden des Pilzes, sodass dieser auch gerade steht. Nun können Sie, falls gewollt, den unteren Teil des Stiels noch etwas dünner schnitzen, passen Sie jedoch auf, dass der Pilz auf dieser Fläche stehen muss, schnitzen Sie das Unterteil des Stiels also nicht zu dünn, sonst fällt der Pilz um.

Projekt 4: Verzierungen mit dem Kerbschnitt

Um den Kerbschnitt zu üben, können Sie beispielsweise eine Oberfläche mit geometrischen Dreiecken verzieren.

Sie benötigen für dieses Projekt:

- Um einen Kerbschnitt auf einer flachen Oberfläche auszuführen und diese beispielsweise mit kleinen geometrischen Dreiecken zu verzieren, eignet sich ein gerades Balleisen am besten.
- Sie benötigen außerdem ein Holzbrett von 2 bis 3 cm Dicke, welches sich gut bearbeiten lässt, z. B. Lindenholz

Anleitung:

➢ Im ersten Schritt wird ein Dreieck auf das Holzbrett aufgezeichnet:

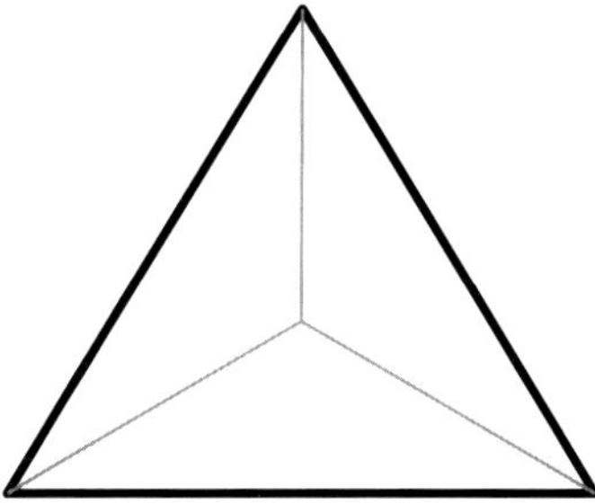

➢ Es wird zunächst mit dem Balleisen vorgestochen. Dazu wird das Balleisen senkrecht entlang der blauen Linien in das Holz gestochen, in der Tiefe, wie Sie später das Dreieck mithilfe des Kerbschnitts aushöhlen wollen.

➢ Anschließend beginnen Sie, entlang der schwarzen Linien das Holz herauszuarbeiten. Dabei sollen entlang der blauen Linien saubere Kanten entstehen.

➢ Zum weiteren Üben können Sie das Muster fortsetzen und so ein schönes Muster erstellen. Dabei bleiben die Kanten der schwarzen Linie nach oben hin stehen, die Kanten der blauen Linie werden in das Holz hinein ausgearbeitet.

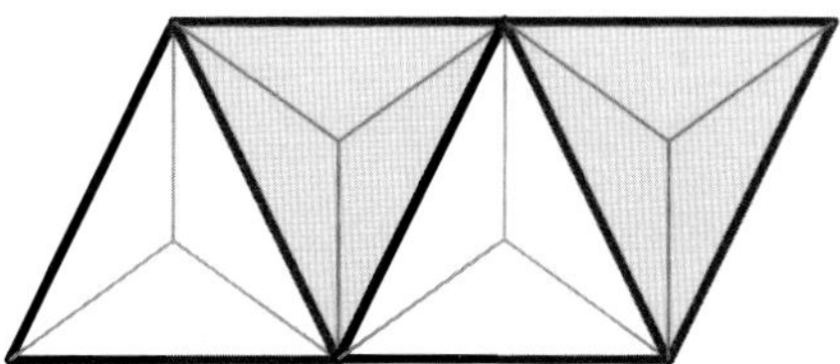

Schnitztechniken

Es gibt verschiedene Techniken, nach denen man ein Holzstück bearbeiten kann. Vom zweidimensionalen Kerbschnitzen bis hin zur dreidimensionalen Bildhauerei ist alles möglich. Dennoch ist nicht jede Technik für Anfänger geeignet. So sollte man sich zunächst mit einem etwas leichteren zweidimensionalen Objekt beschäftigen, als gleich mit einer großen dreidimensionalen Figur zu starten. Im Folgenden werden die vier wichtigsten Techniken beschrieben:

- Das Kerbschnitzen
- Das Flachschnitzen
- Das Reliefschnitzen
- Das plastische Schnitzen

Das Kerbschnitzen

Möchte man mit dem Holzschnitzen beginnen, so ist die Technik der Kerbschnitzerei wohl am einfachsten zu erlernen und eignet sich daher gut zum Einstieg für Anfänger in die Holzschnitzerei. Sie ist nicht nur die einfachste der vier Techniken, sondern auch die älteste. Durch das Kerbschnitzen erlernt man gut den Umgang mit den Schnitzwerkzeugen und lernt die einzigartige Struktur des Holzes kennen. Man nennt das Kerbschnitzen auch die Technik der ornamentalen Gestaltung.

Wie dem Namen der Technik bereits entnommen werden kann, werden beim Kerbschnitzen Kerben in das Holz geschnitzt. Meist in Form von geometrischen Mustern oder verschnörkelten Linien werden so Verzierungen für beispielsweise Möbelstücke, Säulen oder Türen hergestellt. Auch das Verzieren von Holzstücken mit Buchstaben, Wörtern und Texten gehört zum Kerbschnitzen und wird als Kerbschrift bezeichnet. Diese wurde oft für Inschriften an alten Fachwerkhäusern benutzt.

Oft als niedere oder einfache Technik bezeichnet, ist dem Kerbschnitzen in seinen Mustern, Formen und Ornamenten jedoch keine Grenze gesetzt. Jeder, der es einmal versucht hat, wird feststellen, dass diese Technik je nach Komplexität des Musters keinesfalls zu den niederen Arbeiten der Holzschnitzerei zu zählen ist. Früher hatte die Symbolik hinter dem Kerbschnitzen auch eine große Bedeutung. So hatten bestimmte Ornamente beispielsweise in der Tür die Aufgabe, Böses fernzuhalten.

Beim Kerbschnitzen werden zumeist die Muster mit dem Zirkel und Geodreieck konstruiert und mit Bleistift auf das Holz gemalt, bis sie dann schließlich mit dem Schnitzmesser ausgeschnitten werden. Damit die gefälligen Muster besonders gut zur Geltung kommen, wird für die Kerbschnitzerei oft Holz mit wenig Maserung verwendet. Linde, Erle und Zirbel eignen sich besonders gut. Traditionell wird für das Kerbschnitzen ein spezielles Messer, das Kerbschnitzmesser, verwendet. Hier scheiden sich allerdings die Geister. Einige Profischnitzer halten wenig von diesem besonderen Messer und behelfen sich lieber mit den normalen Schnitzeisen. Die wichtigsten Schnitte beim Kerbschnitzen sind der Dreischnitt und der Sechsschnitt.

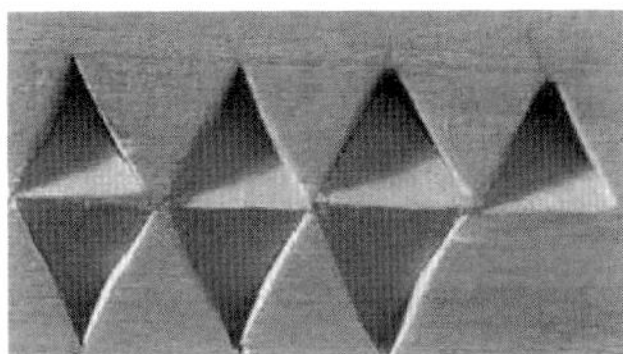

Beim **Dreischnitt** wird ein Dreieck geschnitzt, dessen Spitze tiefer im Holz liegt, während die Seite gegenüber stehen bleibt, also den höchsten Punkt darstellt. Der Dreischnitt entsteht also durch zwei senkrechte Schnitte und einen flachen horizontalen Schnitt.

Der **Sechsschnitt** ähnelt einer umgekehrten Pyramide. Dieser entsteht durch drei senkrechte Schnitte, die sich in der Mitte des Dreiecks, am tiefsten Punkt, treffen, und drei flache horizontale Schnitte an den Kanten der Pyramide.

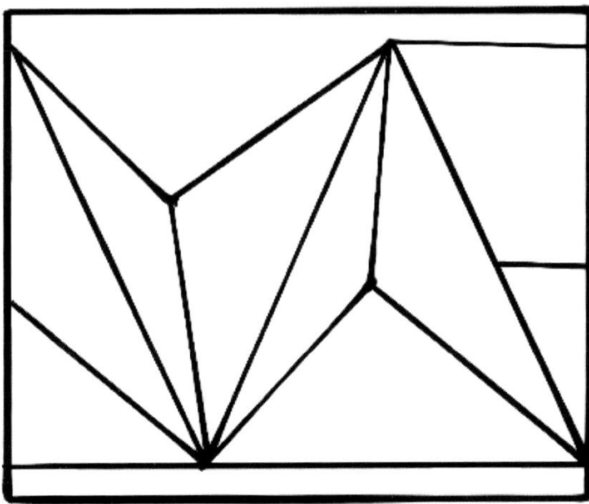

Durch unterschiedliche Aneinanderreihung entstehen so die unterschiedlichsten Muster. Im Folgenden finden Sie einige Beispiele für tolle Muster, die Sie üben können.

Projekt Kerbschnitzen: Die Blume des Lebens

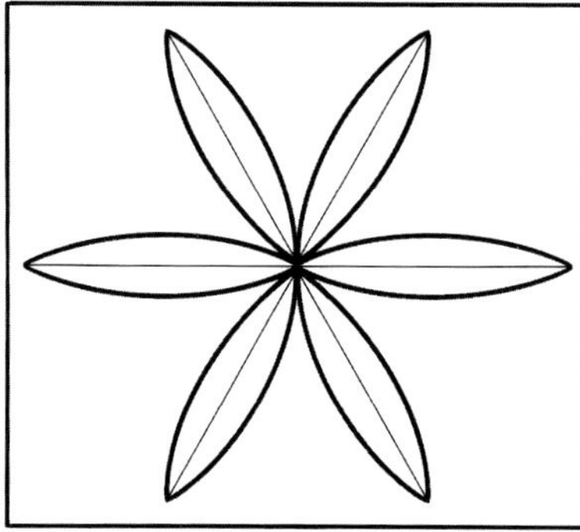

Eine gute Übung für die Einführung in die Kerbschnitzerei ist die sogenannte Blume des Lebens. Die Blume des Lebens findet sich in vielen verschiedenen Kulturen wieder und ist ein sehr kraftvolles Symbol.

Sie benötigen für dieses Projekt:

- ein Holzbrett, beispielsweise in Form eines Untersetzers
- einen Zirkel
- einen Geißfuß
- ein Balleisen
- ein Flacheisen
- Schleifpapier

Anleitung:

➢ Im ersten Schritt wird die Vorlage auf das Holzbrett übertragen. Mithilfe eines Zirkels gestaltet sich das bei dieser Form recht einfach. Auf das Holzbrett wird ein Kreis in der gewünschten Größe aufgezeichnet. Stechen Sie nun mit dem Zirkel auf die Linie des Kreises und zeichnen Sie einen weiteren Kreis, Achtung: Die Größe des Zirkels darf dabei nicht verändert werden. Nun stechen Sie dort ein, wo sich die beiden Kreise schneiden. Das wiederholen Sie, bis die komplette Blume auf Ihrem Brett zu sehen ist. Sie werden sehen, wenn Sie nicht nur eine Blume schnitzen wollen, können Sie ganz leicht das Muster endlos erweitern.

➢ Man kann dieses Muster auf zwei ganz unterschiedliche Weisen schnitzen. Zum einen kann man nur die Zwischenräume herausarbeiten und die Blüten bleiben stehen, zum anderen kann man auch die Blüten herausarbeiten und die Zwischenräume bleiben stehen.

Herausarbeiten der Zwischenräume:

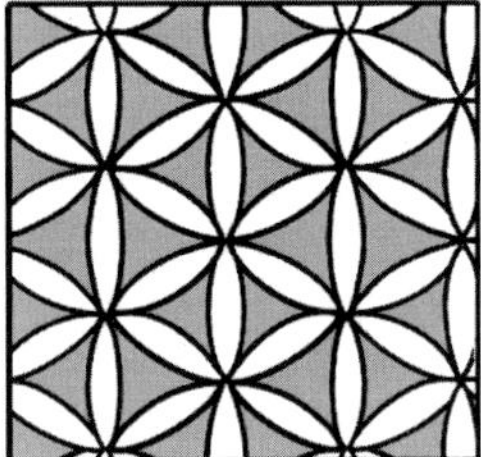

➢ Mit einem Geißfuß wird in dem Zwischenraum ein Dreieck herausgearbeitet. Der Mittelpunkt des Dreiecks liegt dabei genau in der Mitte des Zwischenraums: Dafür wird der Geißfuß von außen zum Mittelpunkt geführt.

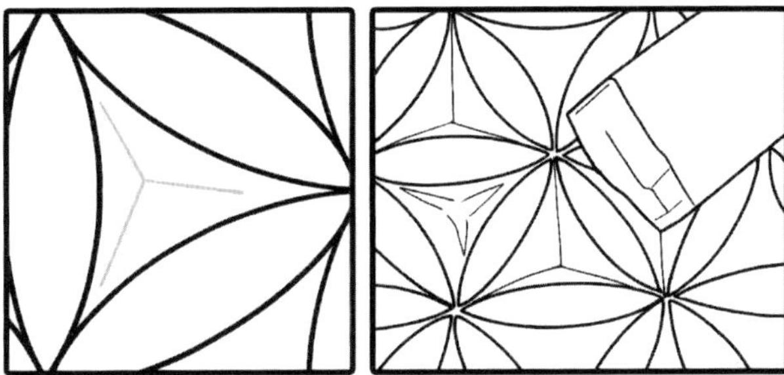

➢ Nun wird mit dem Balleisen nachgearbeitet. Dazu wird das Balleisen entlang der Außenlinie (schwarz) geführt. Wichtig zu beachten ist, dass der Winkel entlang der blauen Linie stimmt, um einen schönen Effekt zu erzielen.

➢ Um eventuell verbliebene Linien auf der Oberfläche zu entfernen, schleifen Sie die Oberfläche mit Schleifpapier ab.

Herausarbeiten der Blüten:

➢ Möchte man die Blüten herausarbeiten, so entsteht die Kerbe längs über das Blatt.

➢ Genau wie bei der anderen Methode wird auch hier wieder mit dem Geißfuß vorgearbeitet und entlang der blauen Linie wird das Holz herausgearbeitet.

➢ Auch hier wird mit dem Geißfuß von außen nach innen gearbeitet, sprich, Sie machen zwei Schnitte, die sich dann in der Mitte treffen.

➢ Nun benötigen Sie das Flacheisen, um den Schnitt des Geißfußes nachzuarbeiten. Sie gleiten mit diesem entlang der schwarzen Außenlinie und arbeiten so das Holz heraus. Achten Sie auch hier wieder auf den Winkel, sodass die gerade blaue Linie erhalten bleibt.

Flachschnitzen

Die Flachschnitzerei wird ebenfalls hauptsächlich zur Verzierung von Gegenständen benutzt. Dennoch handelt es sich hierbei nicht um einfache Muster wie bei der Kerbschnitzerei. Die Flachschnitzerei zeichnet sich dadurch aus, dass der Hintergrund um ein bestimmtes Objekt oder Muster herausgehoben wird, während das Objekt und somit die Holzoberfläche an diesen Stellen unbearbeitet bleiben. Dadurch macht das Objekt den Anschein, als sei es aufgesetzt und dreidimensional. Wird der Hintergrund punziert, verstärkt das den Effekt noch zusätzlich. Das Flachschnitzen zählt damit zu den einfachen plastischen Schnitzereien und eignet sich gut, wenn man als Anfänger in die plastische Schnitzerei einsteigen möchte.

Die Spätgotik wird allen voran als die Zeit des Flachschnitts bezeichnet. Besonders Inschriften und Figuren und auch Ornamente werden in dieser Schnitztechnik dargestellt. Um das Objekt noch weiter zu betonen, wird oft der herausgestochene Hintergrund farbig bemalt.

Für den Flachschnitt eignet sich besonders gut das weiche Fichtenholz. Mit dem Geißfuß werden zunächst die Konturen des Objekts angeschnitten und anschließend wird die das Objekt umgebende Fläche mit einem Schnitzmesser oder Hohleisen herausgestemmt.

Projekt Flachschnitzen: Ein Gesicht schnitzen

Bei einem Flachrelief ist es so, dass die Dinge, die auf einem Bild oder bei einem Motiv weiter hinten liegen, auch später im Holz tiefer herausgearbeitet werden. Möchte man also beispielsweise ein Gesicht schnitzen, so ist der Hintergrund das Tiefste auf dem Holzbrett, sprich, hier muss auch am meisten Holz entfernt werden. Generell ist ein Gesicht zu schnitzen eine bereits sehr anspruchsvolle Arbeit. Sind Sie noch Anfänger und haben noch nicht viele Holzschnitzereien hergestellt, so sollten Sie vielleicht eher mit einer Inschrift oder Ähnlichem beginnen.

Sie benötigen für dieses Projekt:

- ein Holzbrett, 2-3 cm dick
- ein Hohleisen
- ein Geißfuß
- ein Balleisen
- ein Flacheisen

Anleitung:

➢ Zunächst beginnen Sie damit, den Umriss des Kopfes auf das Holzbrett zu übertragen. Das geht am einfachsten, wenn Sie den Kopf ausschneiden und dann eine Linie um die Schablone herum zeichnen.

➢ Mit dem Hohleisen wird anschließend der Hintergrund vertieft. Sie nutzen am besten verschiedene Schnitzeisen, um die Form des Kopfes zunächst auszustechen. Je nach Belieben kann auch ein Geißfuß verwendet werden, um die Außenlinie auszuarbeiten. Dann beginnen Sie, das Holz des Hintergrundes herauszuarbeiten. Nähern Sie sich dabei vorsichtig der Kerbe der Umrandung des Gesichts.

➢ Anschließend überträgt man entweder frei Hand oder mithilfe von Pauspapier die Konturen des Gesichts, der Augen, der Nase und alle weiteren Feinheiten, die man darstellen möchte. Machen Sie sich nicht allzu große Mühe mit den Feinheiten, die Konturen der Augen etc. werden sowieso direkt ausgestochen, da diese vertieft liegen.

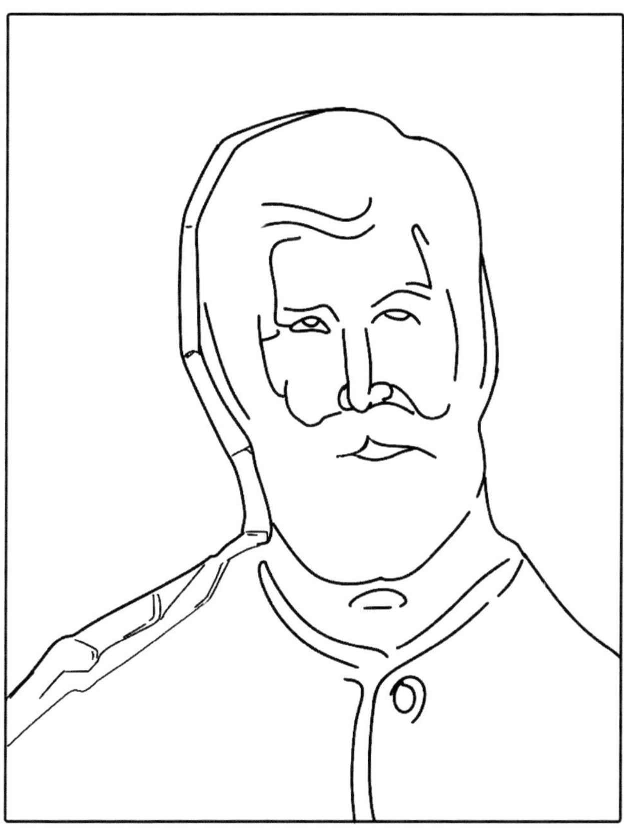

- Beginnen Sie am besten mit den Augen. Arbeiten Sie diese mit dem Hohleisen heraus. Diese liegen im Endeffekt tiefer als das Gesicht an sich. Daher setzen Sie am besten direkt begrenzende Schnitte, sodass die Form des Auges wahrnehmbar ist.

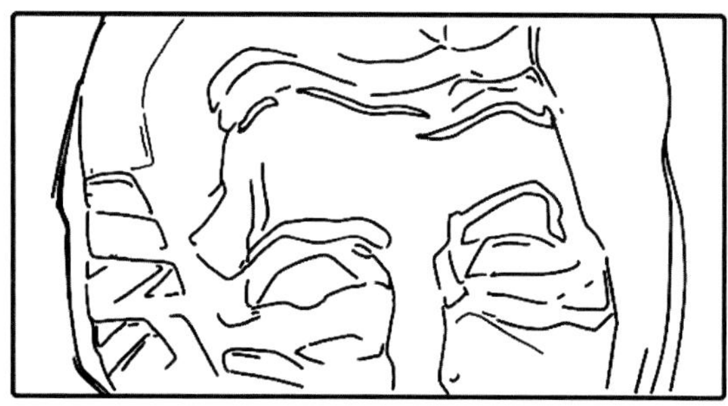

- Unter der Nase kann beispielsweise direkt mit einem Geißfuß gearbeitet werden, da Sie hier auch am Ende sehr scharfe Konturen haben werden. Dennoch ist die Nase später der höchste Punkt des Flachreliefs.

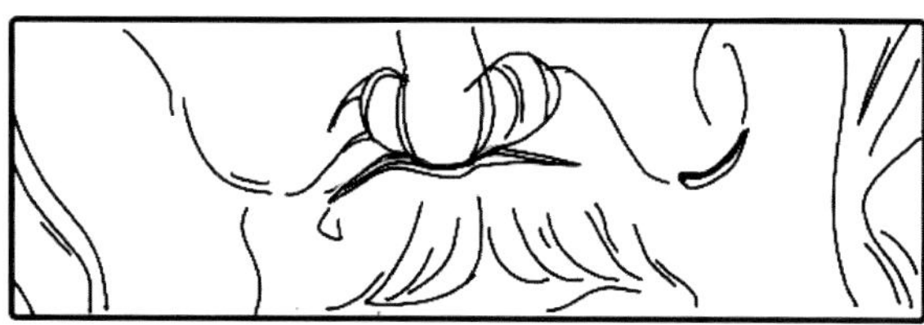

- Um die Kopfform richtig darzustellen, muss auch nach hinten einiges an Holz weggearbeitet werden.

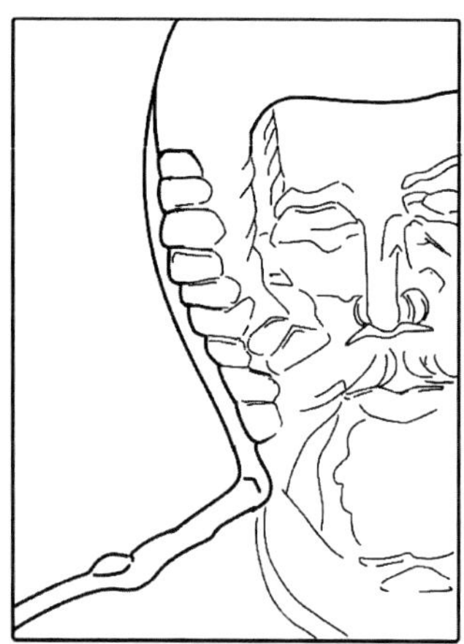

➢ An der Stirn wird nur recht wenig Holz weggenommen, eine scharfe Kontur zum Haaransatz lässt die Haare plastischer wirken.

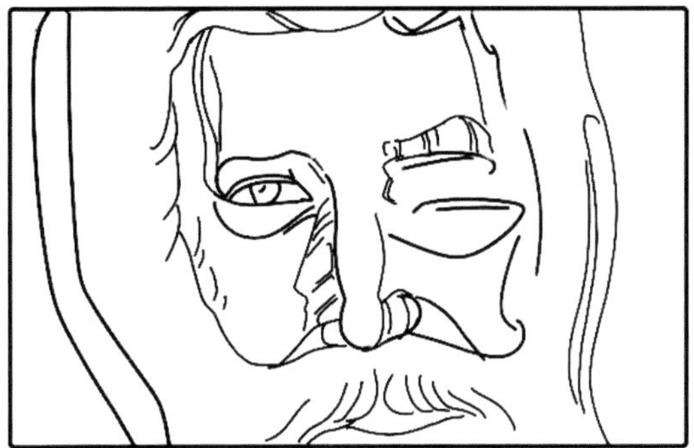

➢ Auch der Mund wird ordentlich herausgearbeitet.

➢ Mit etwas plastischem Vorstellungsvermögen können Sie sich nun langsam an die Konturen des Gesichts heranarbeiten. Nehmen Sie dazu immer Ihr eigenes Gesicht als Vorlage und schauen Sie sich an, welche Bereiche weiter hinten liegen und welche Bereiche weit hervorstehen.

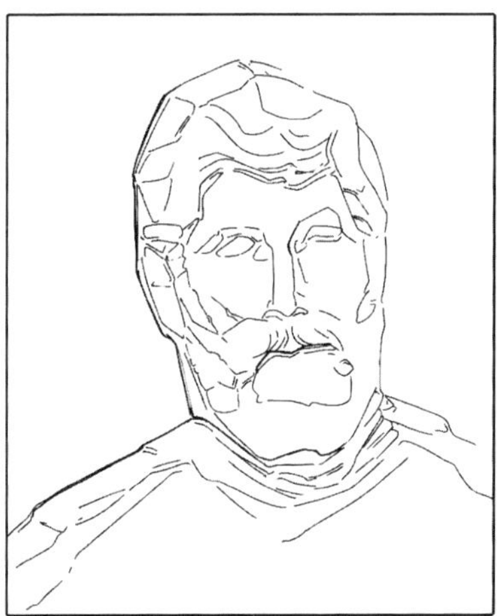

➢ Als Hilfe können Sie ebenfalls auf die bereits geschnitzten Bereiche Hilfslinien aufzeichnen.

➢ Achten Sie auch darauf, dass Sie nur wenig Holz auf einmal wegnehmen, ist das Holz erst einmal geschnitzt, kann es nicht wieder dran geklebt werden. Arbeiten Sie sich also langsam und allmählich voran.

Das Reliefschnitzen

Auch beim Reliefschnitzen werden Figuren und andere Motive in ein flaches Stück Holz geschnitzt. Nicht umsonst wird diese Schnitztechnik als „Schnitzen von Bildern in Holz“ bezeichnet. Es gibt jedoch zwei primäre Unterschiede, die das Reliefschnitzen vom Flachschnitzen unterscheiden. Zum einen wird der Hintergrund um ein Objekt oft komplett entfernt und zum anderen bleibt die Oberfläche nicht unbearbeitet. Auf diese Weise entsteht ein plastischer und bildartiger Eindruck des Objekts.

Man unterscheidet grundsätzlich das Basrelief, bei dem sich das Objekt nur leicht vom Hintergrund abhebt, und das Hochrelief, bei dem der Unterschied zum Hintergrund deutlich stärker ist. Als durchbohrtes Relief bezeichnet man ein Kunstwerk, wenn Löcher durch das Holz geschnitzt werden.

Das Reliefschnitzen ist eine deutlich anspruchsvollere Schnitztechnik, bei der viele verschiedene Schnittarten und Techniken gefragt sind. Grundsätzlich beginnt man damit, das Objekt mit Hilfe einer Schablone auf das Holz zu übertragen. Der erste Schritt beschreibt das Umreißen des Objekts. Hierzu werden, wie beim Flachschnitzen, mit einem Geißfuß die Konturen des Objekts freigeschnitten. Anschließend wird konturiert, indem die Kanten des Motivs senkrecht nach unten gearbeitet werden. Dies kann so lange erfolgen, bis der Hintergrund im gewünschten Maße zurückgedrängt wurde. Der letzte Schritt umfasst die Hintergrundbearbeitung und das Modellieren, bis alle Feinheiten des Motivs herausgearbeitet wurden.

Projekt Reliefschnitzen: ein Blumenrelief schnitzen

Unterschied zur Schnitztechnik des Flachreliefs ist beim Reliefschnitzen, dass die Oberfläche nicht unbehandelt bleibt. Dadurch wirkt das Motiv plastischer als beim Flachrelief und ähnelt somit schon etwas mehr der plastischen Schnitzerei.

Für dieses Projekt benötigen Sie:

- ein Holzbrett, dieses sollte etwas dicker sein, um hier das Holz tief ausarbeiten zu können (3-5 cm)
- ein Hohleisen
- ein Geißfuß
- ein Balleisen
- ein Flacheisen

Anleitung:

➢ Übertragen Sie zunächst die Vorlage entweder frei Hand oder mit Pauspapier auf Ihr Holzbrett.

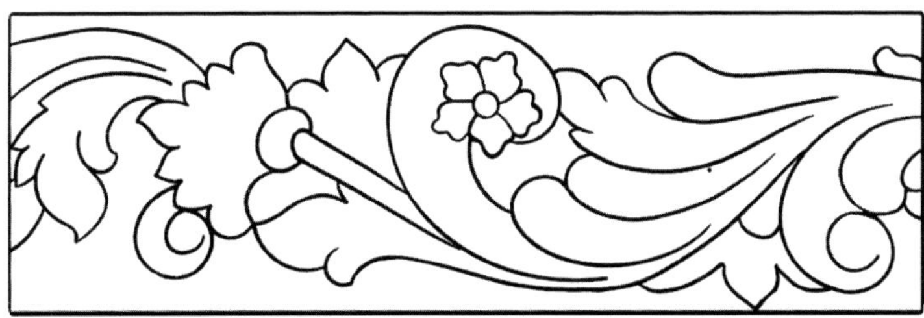

➢ Benutzen Sie nun den Geißfuß, um die Linien auszuarbeiten. Damit begrenzen Sie die Form Ihres Reliefs.

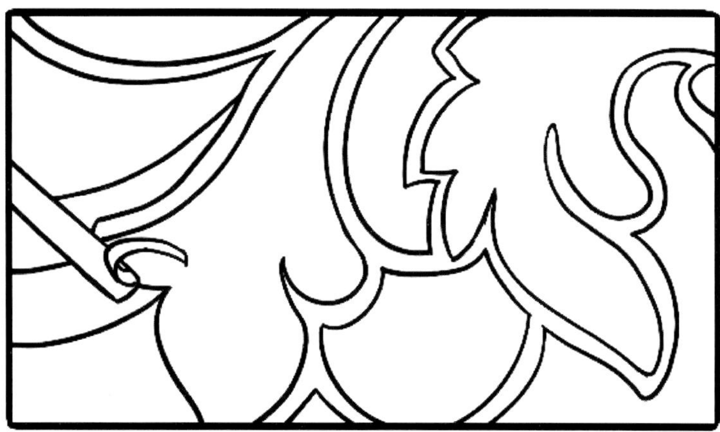

➢ Haben Sie die Umrandung des Motivs schön herausgearbeitet, so können Sie nun damit beginnen, den Hintergrund zu entfernen bzw. zu vertiefen. Dazu benutzen Sie am besten ein Flach- oder ein Hohleisen.

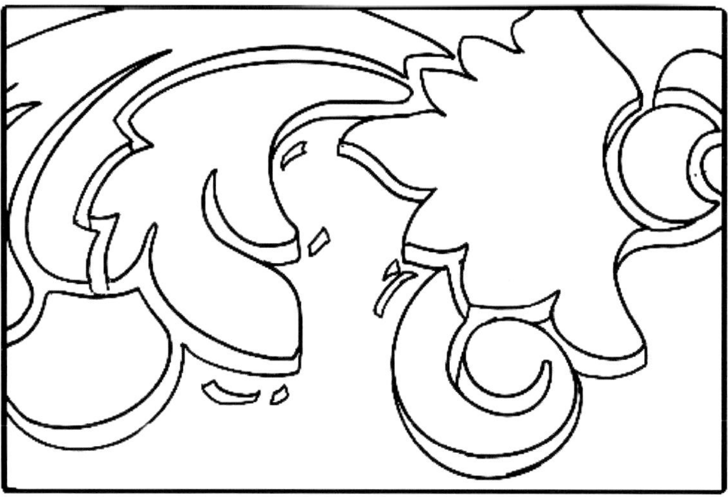

➢ Nun beginnen Sie damit, der Oberfläche eine Struktur zu verleihen. Überlegen Sie sich, wo auf der Oberfläche Sie kleine Vertiefungen einarbeiten möchten, um eine plastische Wirkung zu erzielen.

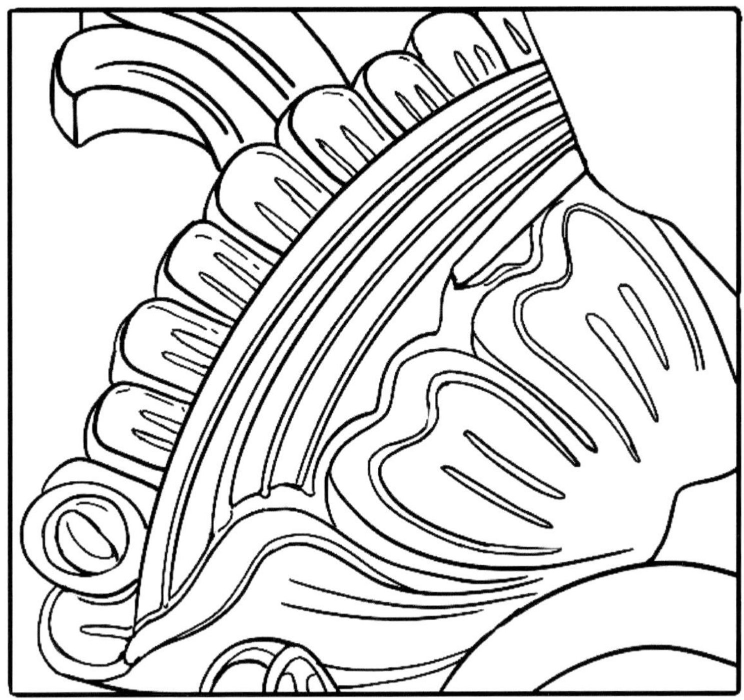

- Anschließend werden zudem die scharfen Kanten, die durch den Geißfuß entstanden sind, abgerundet, um so ebenfalls die plastische Wirkung zu erzeugen. Dafür benutzen Sie ein Flacheisen.
- Überlegen Sie sich auch, welche Bereiche Sie weiter vertiefen möchten, wie beispielsweise kleine Blätter an der Seite, sodass diese später etwas im Hintergrund liegen.
- Mit dem Geißfuß können Sie kleine und scharfe Strukturen in das Motiv einarbeiten.

Die plastische Schnitzerei

Die plastische Schnitzerei, die dann fließend in das Bildhauern übergeht, ist nichts für jedermann. Man braucht ein gutes räumliches Vorstellungsvermögen und viel Geduld, da man sich an die Formen nur sehr langsam heranarbeiten kann. Ein falscher Schnitt kann nicht wieder rückgängig gemacht werden und der Rest der Figur muss erneut angepasst werden. Hier gilt jedoch: Übung macht den Meister! Versuchen Sie sich daran und sehen Sie, ob die plastische Schnitzerei Ihnen liegt. Nach einiger Übung können Sie sich an folgendes anfängerfreundliches Projekt wagen.

Projekt plastisches Schnitzen

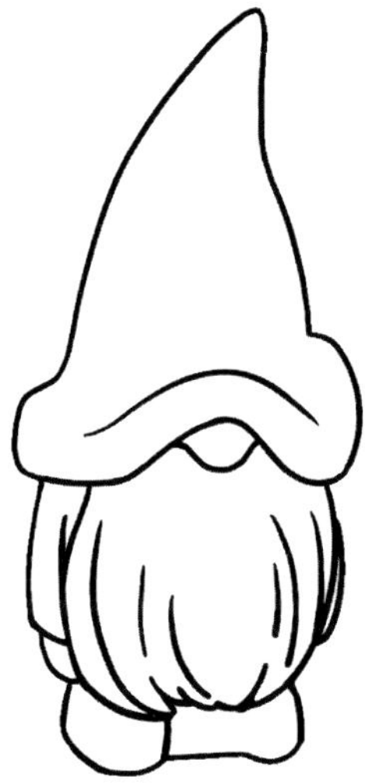

Ein plastisches Schnitzobjekt herzustellen, gehört in jedem Fall zu den anspruchsvolleren Schnitzarbeiten. Man muss sich die Proportionen nicht nur gut vorstellen können, sondern diese dann auch geschickt auf das Holzstück übertragen. Deshalb ist eine gute Vorbereitung der Vorlagen bei der plastischen Schnitzerei sehr wichtig und kann Ihnen das Leben sehr viel leichter machen. Haben Sie eine passende Vorlage gefunden, sollten Sie diese von mehreren Perspektiven aufzeichnen, das hilft Ihnen später, die richtigen Proportionen im Holz herauszuarbeiten. Hier wird Ihnen eines der einfacheren Projekte vorgestellt und Sie erhalten einige Tipps, wie Sie es schaffen, einen realistisch wirkenden Zwerg auf das Holz zu übertragen und später dann auch mit dem Schnitzeisen herauszuarbeiten.

Sie benötigen für dieses Projekt:

- ein Holzstück in der gewünschten Größe des Zwerges
- ein Hohleisen in verschiedenen Größen
- ein großes und ein kleineres Schnitzmesser
- Schleifpapier

Anleitung:

➢ Übertragen Sie die folgende Vorlage auf ein Stück Papier. Für Ihr erstes plastisches Schnitzprojekt wird es Ihnen sehr helfen, den Zwerg aus verschiedenen Perspektiven aufzumalen.

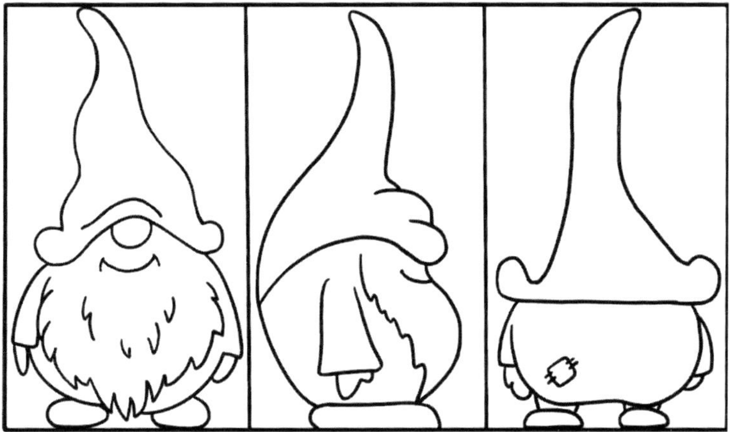

➢ Schneiden Sie die Vorlage in Stücke und kleben Sie die Teile auf das Holzstück. So bekommen Sie einen guten Eindruck, wie die Form des Zwerges werden sollte.

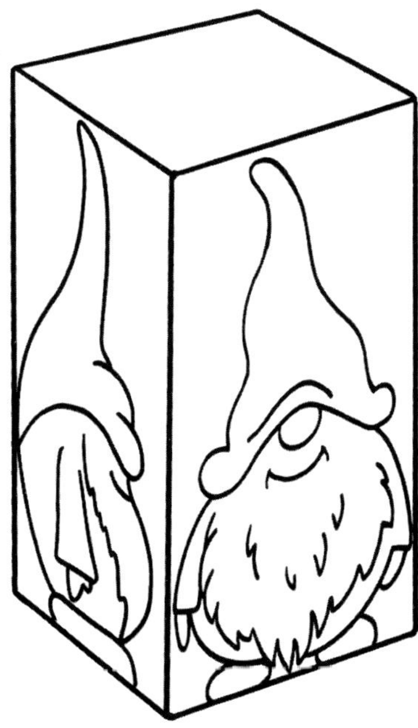

➢ Zunächst arbeiten Sie auch genau an dieser. Fahren Sie dazu mit dem kleinen Schnitzmesser entlang der Außenlinie des Zwerges und beginnen Sie damit, überschüssiges Material an den Kanten wegzunehmen. Das Papier können Sie mit Ihrem scharfen Schnitzmesser einfach mit dem Holz wegschnitzen.

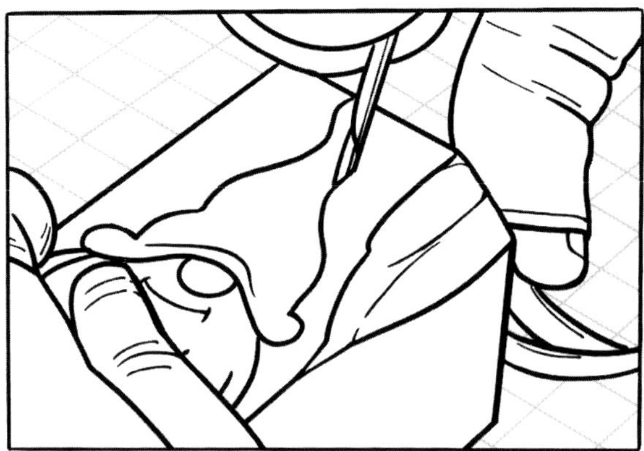

➢ Die Form des Zwerges an sich bearbeiten Sie in diesem Schritt noch nicht, es wird lediglich an der äußeren Form des Zwerges gearbeitet.

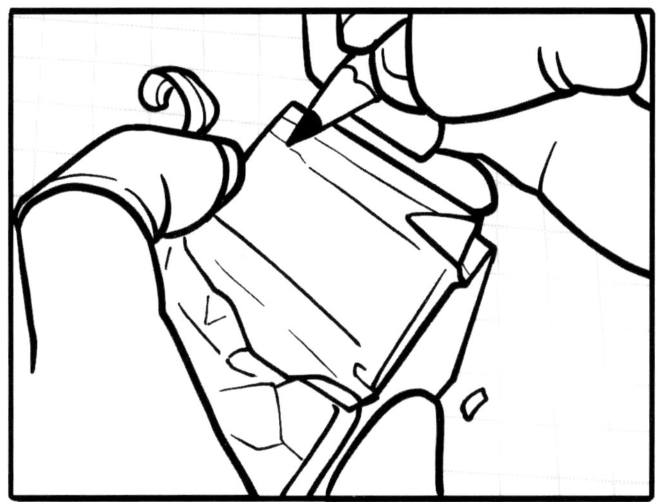

➢ Zeichnen Sie sich Hilfslinien. Einer der breiteren Bereiche des Zwerges ist der untere Rand der Mütze. Zeichnen Sie sich den Bereich auf, der stehen bleiben muss, um später den Mützenrand sauber herausarbeiten zu können. Gleiches gilt für den Bereich der Füße. Hier muss allerdings eine Ecke herausgearbeitet werden, um den Übergang vom Körper zu den Füßen darzustellen. Auch hier können Sie sich Hilfslinien ziehen, damit Sie wissen, welcher Bereich bearbeitet werden muss.

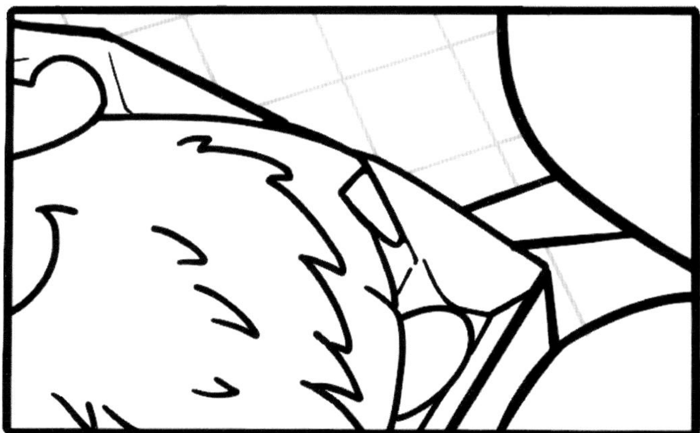

➢ Auch von oben können Sie sich aufzeichnen, welche Bereiche der Mütze stehenbleiben müssen und welche Sie wegnehmen können.

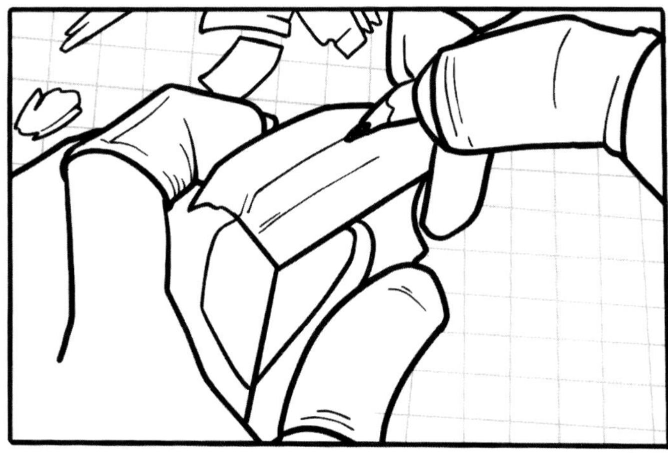

➢ Irgendwann müssen Sie auch beginnen, die Vorlage an sich zu bearbeiten. Z. B. im Bereich der Mütze müssen Sie diese oben zuspitzen. Da Sie dazu die Vorlage entfernen müssen, können Sie aber weiterhin die Umrandung der Mütze mit dem Schnitzmesser entlangfahren. So haben Sie weiterhin eine dünne Linie im Holz und verlieren so die Form der Mütze nicht.

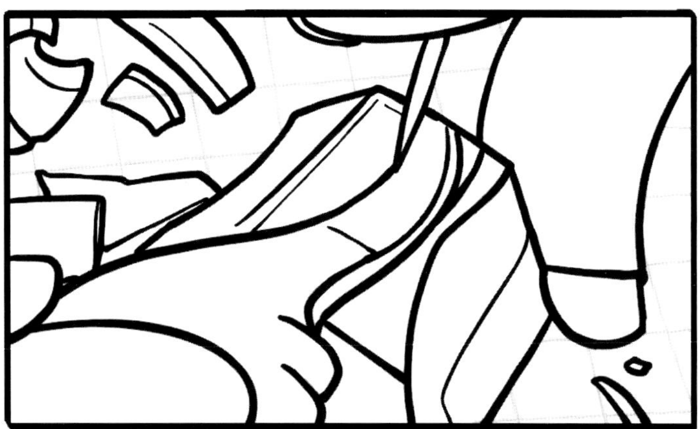

➢ Arbeiten Sie sich so langsam und beständig an die Form des Zwerges heran. Seien Sie geduldig und nehmen Sie nicht zu viel Holz auf einmal weg. Überlegen Sie sich Ihre Schnitte, je näher Sie an die eigentliche Form des Zwerges kommen, genau. Einmal weggeschnittenes Holz kann nicht wieder angeklebt werden. Sollten Sie zu viel Holz an einer Stelle wegnehmen, müssen Sie diesen Fehler durch die Korrektur der anliegenden Bereiche ausarbeiten.

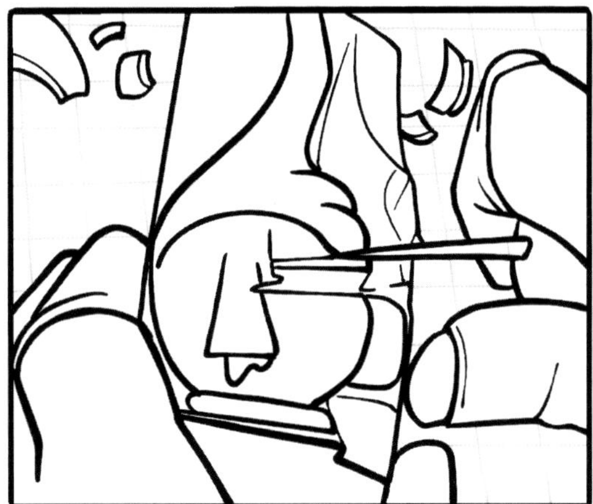

➢ Zeichnen Sie sich auch auf die Vorlage, welche Bereiche stehen bleiben müssen und welche Bereiche Sie herausarbeiten können. Hier ist die räumliche Vorstellung gefragt.

➢ Kleiner Tipp: Auch wenn Sie mit der Zeit die Vorlage wegarbeiten, zeichnen Sie sich auch auf die bereits geschnitzten Bereiche so viele Hilfslinien wie möglich und nötig. Sie helfen Ihnen gerade zu Beginn enorm bei der räumlichen Vorstellung und Herausarbeitung der Formen.

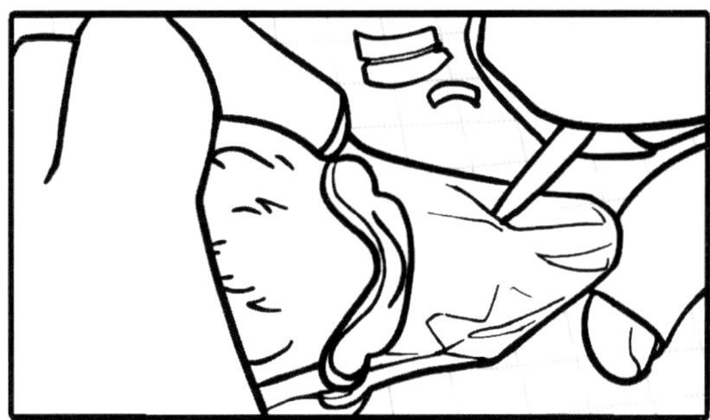

➢ Fragen Sie sich immer wieder, welche Bereiche später weiter hervorstehen und welche Bereiche herausgearbeitet werden müssen. Um die Konturen weiter mitzunehmen, fahren Sie immer wieder mit dem Messer die Linien nach.

➢ Haben Sie sich an die finale Form des Zwerges herangearbeitet, bearbeiten Sie diesen nun weiter mit dem größeren Hohleisen. Damit können Sie besonders gut Rundungen hervorheben und herausarbeiten.

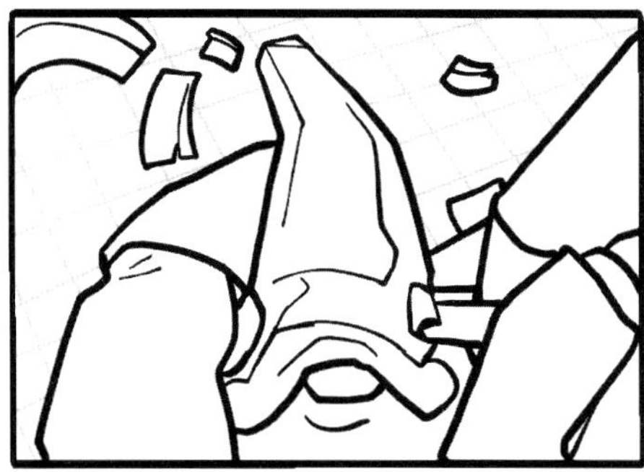

➢ Nun kommen Sie zum Modellieren. Mit dem Geißfuß können Sie schärfere Kanten herausarbeiten, wie beispielsweise im Bereich der Arme.

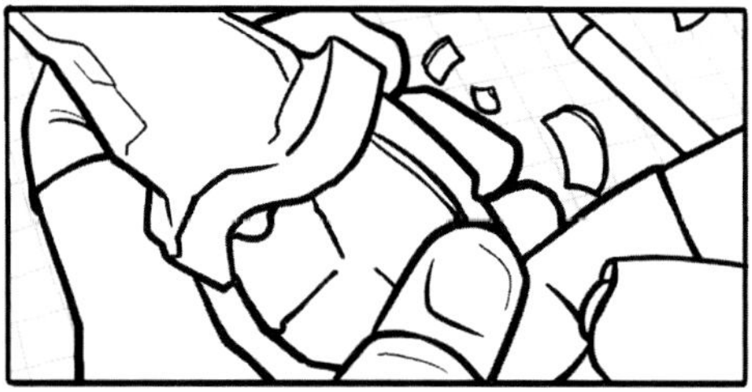

➢ Zudem können Sie auch feinere Modellierungen im Bereich des Bartes mit dem Geißfuß herausarbeiten. Mit dem Schnitzmesser können Sie diese, wenn gewünscht, vertiefen.

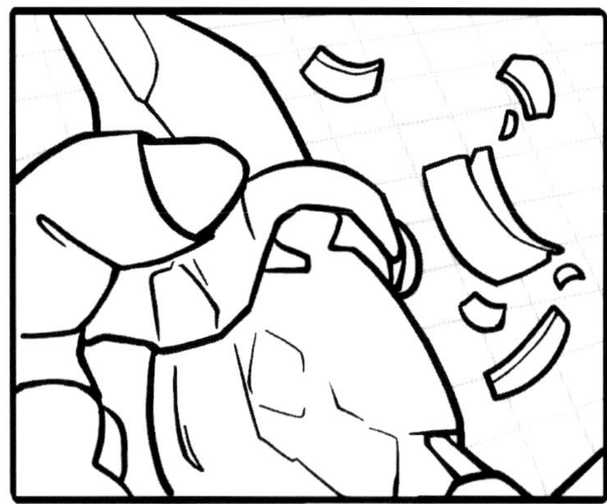

➢ Der Zwerg kann zum Abschluss mit Schleifpapier nachbearbeitet werden.

Holzveredelung

Man kann Holz mit den unterschiedlichsten Materialien bearbeiten, um es schöner aussehen zu lassen, die Struktur des Holzes hervorzubringen oder um sie wetterfest bzw. resistent gegen Zersetzung zu machen. Je nachdem, wo man das Kunstwerk aufbewahren möchte, eignen sich Lack, Farbe, Öl und viele andere Substanzen für das Finish des Holzes. Jedoch sollte man sich zuvor gut überlegen, welche Eigenschaften man für das Kunstwerk haben möchte, denn jedes Mittel hat seine Vor- und Nachteile. Einige sind witterungsbeständiger als andere oder sehen einfach schöner aus. Im Folgenden werden die unterschiedlichen Veredelungsformen genau beschrieben und Vor- und Nachteile dargestellt.

Holzlack und -Lasuren

Möchte man sein Kunstwerk vor schädlichen Umwelteinflüssen wie Feuchtigkeit und UV-Strahlung und auch Staub und Kratzern schützen, so kann man dafür Holzlack benutzen. Manche Holzlacke enthalten zudem Chemikalien, um auch einen Schutz gegen Pilze, Insekten oder Bakterien zu gewährleisten. Ein weiterer wichtiger Punkt beim Behandeln von Holzoberflächen spielt das Aussehen. Mit Holzlacken können Sie besonders gut Glanzeffekte erzielen. Mit farblichen Lacken können Sie Ihrem Kunstwerk sogar etwas Farbe verleihen. Pigmente und Füllstoffe im Lack sind für das Aussehen und die Eigenschaften verantwortlich. Viele Feststoffe im Lack gewährleisten daher eine deckendere Schicht und damit auch mehr Schutz für das Holz. So können Sie zwischen unzähligen verschiedenen Farb- und Deckungsvarianten wählen. Dabei spielen auch Lasuren (weniger Feststoffanteile) eine wichtige Rolle.

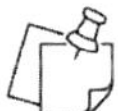

Der Unterschied zwischen Holzlacken und Holzlasuren besteht darin, dass Lasuren zwar tiefer in das Holz eindringen, dafür jedoch keine deckende und schützende Schicht bilden wie der Holzlack. Mit Lasuren behandeltes Holz bleibt immer durchlässig für Wasserdampf, während Holzlack eine schützende Schicht gegen alle Arten von Feuchtigkeit bildet. Lasuren haben außerdem meist eine transparente Optik, Holzlacke hingegen verdecken die Struktur des Holzes, es sei denn, sie sind komplett farblos, dann spricht man von Klarlack. Zudem bilden Lacke generell eine dickere Schicht auf dem Holz. Die sogenannten Dickschichtlasuren bewegen sich mit ihren Eigenschaften zwischen Lacken und Lasuren. Sie haben wesentlich mehr Feststoffanteile als Dünnschichtlasuren, sind deshalb jedoch auch anfälliger für Abplatzungen als Holzlacke. Diese Speziallasuren zeigen, dass der Unterschied zwischen Holzlacken und Holzlasuren mit der Erweiterung der Produktbandbreite mittlerweile fließend ist.

Lacke und Lasuren sind aus drei wesentlichen Bestandteilen zusammengesetzt:

- Lösungsmittel,
- Bindemittel und
- Farbpigmenten.

Werden Lacke oder Lasuren aufgestrichen, so verdunstet während des Trocknungsprozesses das Lösungsmittel und die Feststoffe bilden den Film auf dem Holz. Im Wesentlichen gibt es drei verschiedene Lackarten:

- Acryllacke,
- Kunstharzlacke und
- Naturharzlacke.

Acryllacke sind lösungsmittelarm und können mit Wasser verdünnt werden. Naturharzlacke enthalten oft tierische und pflanzliche Stoffe als Bindemittel. Naturharzlacke sind besonders für Oberflächen geeignet, die häufigen Belastungen ausgesetzt sind, wie Stühle oder andere Möbelstücke, da sie eine unempfindliche Oberfläche des Holzes schaffen.

Werkzeug und Material

Folgende Materialien benötigen Sie, wenn Sie Holz lackieren oder lasieren möchten:

- Farbwanne, ggf. mit Wechseleinsätzen
- Gummihandschuhe
- ggf. Grundierung
- Kunsthaar- oder Naturhaarpinsel
- Lackrollen (Flockwalzen für Acryllacke; Schaumwalzen für Kunstharzlacke)
- Schleifpapier
- Wurzelbürste

Tipps zum Lackieren und Lasieren

1. Die Sicherheit beim Verwenden von Chemikalien ist sehr wichtig. Achten Sie daher darauf, dass Ihre Haut nicht in direkten Kontakt mit dem Lack oder der Lasur kommt. Tragen Sie zur Sicherheit immer Gummihandschuhe. Zudem sollte auf eine gute Belüftung geachtet werden, in den Lacken und Lasuren sind Chemikalien enthalten, die beim Einatmen gesundheitsschädlich sein können. Beachten Sie dazu auch immer die Gefahrensymbole auf den Containern.

2. Nicht nur bei den Lacken und Lasuren an sich sollten Sie auf eine hohe Qualität achten. Auch die Werkzeuge, die Sie zum Auftragen verwenden, sollten nicht die günstigen aus dem Discounter sein. Arbeiten Sie stets mit hochwertigen Pinseln und Farbrollen, um Zeit zu sparen und Enttäuschungen und Ärger zu vermeiden. Verwenden Sie beispielsweise Flockwalzen für Acryllacke und Schaumwalzen für Kunstharzlacke. Pinsel mit Naturborsten benutzen Sie für lösungsmittelhaltige Farben und Lacke. Für wasserverdünnbare Acryllacke verwenden Sie Pinsel mit Kunsthaarborsten. Zum Auftragen der Lasur nehmen Sie am besten spezielle Lasurpinsel.

3. Ein schönes Ergebnis beim Lackieren oder Lasieren erzielen Sie, wenn Sie das Holz gut vorbereiten. Es sollte mit feinem Schleifpapier abgeschliffen und anschließend von allen Holz- und Staubpartikeln gereinigt sein. Benutzen Sie dazu am besten eine Bürste oder saugen Sie den Staub ab. Achten Sie darauf, dass Sie in einer möglichst staubfreien Umgebung lackieren.

4. Am besten werden Flächen zwei- bis dreimal (Vor-, Zwischen- und Schlussanstrich) lackiert, achten Sie dabei darauf, dass Sie den Lack an den Kanten schön ausstreichen, sonst erhalten Sie am Ende ein ungleichmäßiges Ergebnis mit Kanten.

5. Möchten Sie abgesetzte Farbflächen lackieren, so wenden Sie zunächst wie oben beschrieben die Grundfarbe mit drei Schichten an. Dann werden Bereiche, die nicht mit dem farbigen Lack lackiert werden sollen, sorgfältig mit Klebeband abgeklebt. Nun bekommt die abgeklebte Fläche erneut eine Schicht der Grundfarbe. So wird der kleine Spalt zwischen Klebeband und Holz versiegelt und Sie erhalten später eine saubere Kante. Nun können Sie zwei Schichten des farbigen Lacks auftragen.

6. Bei einigen Holzarten ist eine Grundierung notwendig, da Harze und beispielsweise auch die Inhaltsstoffe in Eichenholz den Lack verfärben können.

7. Möchten Sie Holz mit einer Lasur behandeln, so sollten Sie das Holz zunächst wie oben beschrieben reinigen. Um ein schönes Ergebnis zu erzielen, können Sie nach dem ersten Auftragen und Trocknen der Lasur das Holz erneut mit einem sehr feinen Schleifpapier abschleifen. Reinigen Sie das Holz vom Holzstaub und tragen Sie eine weitere Schicht Lasur auf.

Holzöle

Eine besonders schonende Variante, das Holz zu behandeln, ist das Ölen – ganz besonders, wenn Sie mit natürlichen Ölen arbeiten. Sie eignen sich sehr gut zur Anwendung im Innenbereich, da Naturöle keinerlei Zusatzstoffe enthalten und so für ein angenehmes Raumklima sorgen. Öle ziehen besonders tief in die Poren des Holzes ein und hinterlassen eine leicht glänzende Oberfläche, was sehr natürlich wirkt. Wenn Sie mit Ölen arbeiten wollen, müssen Sie allerdings eine längere Trockenphase einplanen, da Öle keine Trockenstoffe enthalten. Haben Sie diese Zeit nicht, so können Sie auch mit speziellen Holzölen arbeiten. Diese basieren meistens auf Leinöl und haben eine geringere Trockenphase.

Dennoch ist Öl ein Pflegeprodukt für Ihr Holz, es bildet nicht annähernd eine so schützende Schicht, wie es Lacke tun. Für beanspruchte Flächen sollten Sie sogenannte Hartöle verwenden. Diese bilden einen robusteren Schutzfilm als gewöhnliche Öle und trocknen auch schneller.

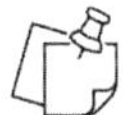

Der Unterschied beim Ölen und Wachsen besteht darin, dass beim Wachsen die Poren des Holzes, ähnlich wie beim Lackieren, verschlossen sind. Öle hingegen verschließen die Poren des Holzes nicht, sodass weiterhin Schmutz und Staub in die Poren eindringen können. Einmal gewachstes Holz kann anschließend nicht mehr geölt werden. Das Öl hat keine Haftung und zudem sind die Poren verschlossen, sodass das Holz kein Öl mehr aufnehmen kann.

Verschiedene Holzöle

Natürliche Holzöle

Natürliche Holzöle werden auf pflanzlicher Basis hergestellt und enthalten keinerlei Zusatzstoffe. Das beliebteste Naturöl ist das Leinöl, das allerdings auch sehr lange zum Trocknen benötigt. Tungöl und Walnussöl sind ebenfalls geeignete Holzöle, die beim Trocknen aushärten. Durch den Kontakt mit Sauerstoff wird der Prozess in Gang gebracht. Ideal sind eine Temperatur von 12 °C und eine mittlere Luftfeuchtigkeit.

Holzöle mit Lösungsmitteln

Oft werden den Holzölen Lösungsmittel hinzugefügt, damit diese leichter verarbeitet werden können. Dabei handelt es sich z. B. um den natürlichen Stoff Leinölfirnis oder Isoparaffin sowie Benzin. Vorsicht ist geboten bei Lösungsmitteln aus aromatischen Kohlenwasserstoffen, denn diese sind gesundheitsschädlich. Sie sollten daher immer genau auf die Deklaration auf der Verpackung achten.

Holzöle mit Farbpigmenten

Neben den transparenten Holzölen können auch Holzöle mit Farbpigmenten erworben werden. Dabei unterstreichen sie bei richtiger Farbwahl den Farbton des Holzes und heben diesen besonders hervor. So gibt es Holzöle, die auf bestimmte Holzarten abgestimmt sind, wie z.B. Teaköl, Lärchen-Öl oder Douglasien-Öl.

Hartöle und Hartölwachse

Hartölen wird Harz beigemischt, so ziehen sie nicht nur in die Poren des Holzes ein, sondern härten dort und an der Oberfläche aus und bilden so einen besseren Schutz. Wird dem Holzöl noch zusätzlich Wachs beigemischt, so spricht man von den sogenannten Hartwachsölen. Diese bilden auf der Oberfläche des Holzes eine Wachsschicht. So wird das Holz noch besser vor Beanspruchung geschützt, das Holz kann jedoch dadurch auch nicht mehr richtig atmen.

Werkzeug und Material

Mit den folgenden Werkzeugen können Sie Öl besonders gut auftragen:

- Pinsel
- Schwamm
- Lappen
- Rolle

Außerdem benötigen Sie:

- Schleifpapier, Körnung 150–180
- Wurzelbürste

Tipps zum Ölen von Holzoberflächen

1. Öle verschließen die Oberfläche des Holzes nicht, deswegen sollten Sie das Holz in regelmäßigen Abständen nachölen. Dies ist häufiger nötig bei Holzgegenständen im Außenbereich.

2. Vor der Behandlung mit Öl sollte das Holz geschliffen werden. Eine zu feine Körnung des Schleifpapiers ist allerdings nicht zu empfehlen, da das Öl sonst nicht gut in die Oberfläche eindringen kann und keine Haftung findet. Eine Körnung von 150 bis 180 ist optimal. Ist das Holzstück sehr uneben und hat keine glatte Oberfläche, eignet sich am besten ein Schleifpapier mit Körnung 100.

3. Reinigen Sie die Oberfläche des Holzstücks mit einem Pinsel oder einer Bürste, um Holzstaubreste zu entfernen.

4. Das Holzöl kann auch eingeschliffen werden. Hierzu tragen Sie das Öl auf und schleifen anschließend das Holzstück mit 320er-Schleifpapier. Vorteil dieser Methode ist, dass die Oberfläche des Holzes durch diesen Prozess auch verdichtet wird und so das Öl noch tiefer in das Holz eindringen kann.

5. Natürliche Öle haben eine viel längere Einwirkzeit als spezielle Holzpflegeprodukte. Lassen Sie das Öl für 15 Minuten einwirken und nehmen Sie dann überschüssiges Öl mit einem Baumwolltuch auf. Halten Sie sich bei der Einwirkzeit an die Angaben des Herstellers.

6. Das Holz muss nun trocknen:

- bei mindestens 10 °C ca. 48 Stunden
- bei Zimmertemperatur (18–25 °C) ca. 24 Stunden

Das kann jedoch je nach Art des Öls auch variieren.

7. Nach der Trocknung wird das Holz ein zweites Mal geölt, allerdings wird nun weniger Öl verwendet als bei der ersten Ölung. Gehen Sie ansonsten genauso vor wie bei der ersten Ölung.

8. Je öfter Sie das Holz einölen, desto stärker wird auch der Glanz. Das Holzstück kann bis zu fünfmal eingeölt werden.

9. Es gibt Holzöle speziell für den Außenbereich, die einen Schutz vor UV-Strahlung enthalten und vor Schimmel bzw. Fäulnis schützen.

HOLZFARBE

Wer Holz farblich behandeln möchte, steht vor der Qual der Wahl: Lack, Lasur, Öl oder doch Beizen. Es gibt eine Vielzahl von Behandlungsmöglichkeiten von Holz, die eine Farbänderung zur Folge haben. Der wesentliche Unterschied bei der Wahl der Farben liegt in den Bestandteilen. Man kann sowohl natürliche Holzfarben, die beispielsweise aus Lebensmittelfarben oder Holzölen bestehen, als auch synthetische Farben wählen. Durch die Farbpigmente in den synthetischen Farben kann man intensivere Farbtöne erzeugen, zudem sind diese Farben oft widerstandsfähiger gegen UV-Strahlung und andere Umwelteinflüsse und verblassen daher nicht so schnell. Greift man auf natürliche Farben zurück, muss man damit rechnen, dass diese öfter nachgearbeitet werden müssen. Zudem ist es wichtig, dass harzhaltige Holzarten, wie z. B. einige Nadelhölzer, zunächst mit einer Grundierung behandelt werden müssen.

Färbemethoden

Holzöle:

Holzöle sind zumeist reine Naturprodukte. Man kann diese mit oder ohne Farbpigmente erwerben. Die natürliche Struktur des Holzes bleibt bei der Anwendung erhalten und das Holz wird zudem vor dem Austrocknen geschützt.

Holzlasuren:

Diese sind zumeist synthetisch hergestellt und ebenfalls mit und ohne Farbpigmenten zu erwerben. Auch bei den Holzlasuren wird die natürliche Struktur des Holzes beibehalten und nicht überdeckt.

Lebensmittelfarben:

Die rein natürlichen Lebensmittelfarben eignen sich besonders gut zum Färben von hellen Holzarten. Bei dieser Art von Farben ist es besonders wichtig, sie gleichmäßig aufzutragen, da man sonst farbliche Unterschiede erhält. Gerade Lebensmittelfarben ziehen nämlich besonders gut in das Holz ein. Auch mit Lebensmitteln lässt sich Holz einfärben. Kaffee verleiht dem Holz eine schöne braune Farbe und mit Natron kann man Witterungseffekte hervorrufen.

Wasserfarben:
Wasserfarben eignen sich besonders gut, wenn Kinder mit Holz arbeiten und dieses färben wollen. Sie sind nicht giftig und praktisch überall verfügbar. Durch ihre Wasserlöslichkeit sollten die Farben nach der Verwendung allerdings nicht mit Feuchtigkeit in Kontakt kommen.

Holzlacke:
Durch die vielen synthetischen Stoffe in Lacken sind diese am haltbarsten und rufen die intensivsten Farben hervor. Da Lacke die Oberfläche des Holzes versiegeln, sind sie sehr strapazierfähig und überdecken die Struktur des Holzes komplett.

Beizen:
Das Beizen von Holz ist ein chemischer Prozess. Nach dem Beizen sind die natürlichen Farbstoffe im Holz geschützt. Die Maserung des Holzes wird auf natürliche Weise hervorgerufen. Im Kapitel „Beizen" erfahren Sie, wie genau der Prozess funktioniert.

Da Holzfarben jeglicher Art sehr schnell und tief in das Holz einziehen, sind die Prozesse des Färbens meist gar nicht oder nur schwer rückgängig zu machen oder zu überdecken. Deshalb sollten Sie vor Verwendung einer Farbe einen Testanstrich machen. Nehmen Sie sich ein kleines Stück Holz derselben Art und probieren Sie die Farbe aus. Haben Sie keines zur Verfügung, probieren Sie die Farbe zunächst an einer kleinen unscheinbaren Stelle aus. Auch gibt ein Testanstrich Ihnen Sicherheit im Umgang mit der entsprechenden Farbe. Gefällt Ihnen der Testanstrich, so können Sie mit dem Streichen des Holzes beginnen. Halten Sie sich dabei immer an die Angaben des Herstellers.

Bei allen Färbemethoden außer dem Lack ist die Oberfläche des Holzes immer noch offen und atmungsaktiv. Oft ist das auch gewünscht. Möchten Sie allerdings eine lange Haltbarkeit der Farbe gewährleisten, so ist eine Nachbehandlung mit Klarlack oder Holzwachs möglich.

Beizen

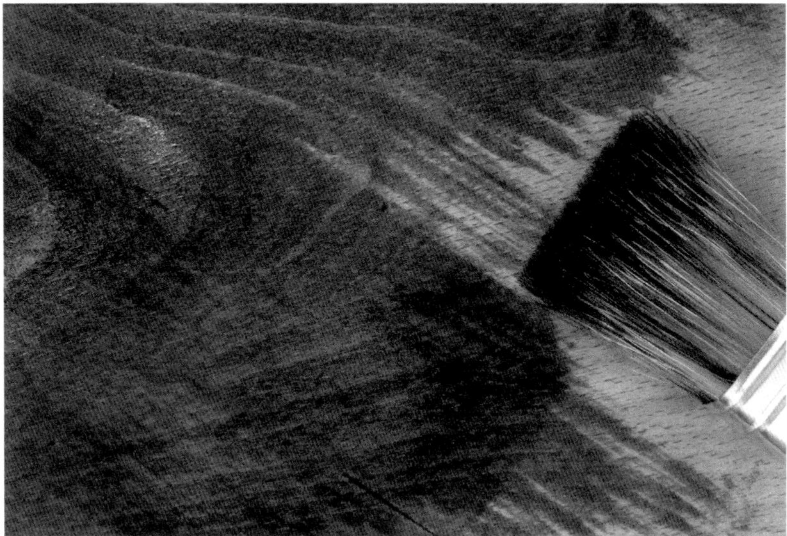

Beizen bezeichnet einen chemischen Prozess, bei dem Holz mit einer chemischen Lösung, der sogenannten Beize, behandelt wird. Beizen färben das Holz, die natürliche Struktur des Holzes bleibt dennoch erhalten oder wird je nach Beizart sogar betont. Beizen verleiht dem Holz zudem ein antikes Aussehen. Dennoch schützt Beizen das Holz nicht vor Witterung und Feuchtigkeit und demzufolge Schimmelbildung. Daher sollte das Holz, je nachdem, wo es später stehen soll, nach der Behandlung noch zusätzlich versiegelt werden. Folgende Effekte werden durch das Beizen von Holz erzielt:

- Der natürliche Holzfarbton wird hervorgehoben, ohne die Struktur des Holzes zu überdecken.
- Farbliche Unterschiede im Holz werden angeglichen.
- Die Maserung wird deutlich hervorgehoben und betont.

Möchte man Holz beizen, so kann man das tatsächlich auch in bunten Farben tun. Je nach Farbe der Beize sowie der Holzbeschaffenheit und dessen Farbe ergibt sich dann ein universelles Endergebnis. Chemische Beizen betonen besonders die natürliche Struktur des Holzes, Beizen mit Farbpigmenten hingegen verdecken diese etwas mehr. Generell können Beizen gebrauchsfertig oder als Pulver erworben werden. Diese müssen vor Gebrauch mit lauwarmem Wasser aufgegossen werden.

Tipps zum Beizen

- Am Holz müssen sämtliche Metallbeschläge entfernt werden. Verwenden Sie zudem nur metallfreie Pinsel zum Beizen.
- Vor Gebrauch muss die Beize gut vermischt werden.
- Sollten Sie größere Flächen beizen wollen, so erledigen Sie das am besten in einem Arbeitsschritt, um unschöne Absätze zu vermeiden.

Anleitung

1. Bevor Sie mit dem Beizen beginnen, müssen alle Beschläge aus Metall vom Holz entfernt werden. Beizen reagieren mit Metall, sodass Farbunterschiede entstehen.

2. Sie sollten außerdem die Beize an einer unauffälligen Stelle testen. Wie ein Farbergebnis ausfällt, ist schwer vorauszusagen, da viele verschiedene Faktoren hier mit einspielen. Rückgängig machen können Sie das Beizen nicht, daher sollten Sie zunächst den Farbtest durchführen.

3. Die zu beizende Fläche muss zunächst mit einem Schwamm gewässert werden. Achten Sie darauf, dass Sie das Holz überall gleichmäßig wässern, auch wenn Sie nur eine Seite mit der Beize behandeln möchten. Das ist wichtig, da sich das Holz sonst durch das Wasser biegen oder verziehen kann.

4. Die Beize wird nun satt entlang der Maserung aufgetragen. Verwenden Sie hierzu einen Pinsel (nicht aus Metall!). Nach 15 Minuten sollte überschüssige Beize mit einem Lappen entfernt werden.

Nach einer Trocknungszeit von sechs bis acht Stunden ist die Beize getrocknet. Möchten Sie nun das Holz zusätzlich versiegeln, können Sie einen Lack oder Holzwachs auftragen. Stellen Sie sicher, dass die Beize vollständig getrocknet ist

Holzveredelung im Überblick

Finish	Vorteile	Nachteile
Holzlack	bildet eine dicke schützende Schicht auf dem Holz, sehr gut gegen alle Umwelteinflüsse, schöne Glanzeffekte, auch in verschiedensten Farben erhältlich, auch für den Außenbereich geeignet	anfällig für Abplatzungen, Holzoberfläche wird versiegelt und kann nicht mehr atmen
Holzlasur	dringt tief in das Holz ein, Struktur des Holzes bleibt sichtbar, keine Abplatzungen	Schutzschicht gegen Wasser, jedoch nicht in Form von Wasserdampf, nicht so resistent gegenüber Umwelteinflüssen wie Lack
Holzöl	dringt tief in das Holz ein, hinterlässt natürlich leichten Glanz, keine Abplatzungen, keine Zusatz- und Schadstoffe, die Poren des Holzes bleiben offen, so kann das Holz atmen und zu einem guten Raumklima beitragen	keine geschlossene Oberfläche des Holzes, regelmäßiges Nachbehandeln nötig (vor allem im Außenbereich), Wasserflecken entstehen bei dauerhafter Wassereinwirkung, lange Trocknungszeiten
Hartöle	haben die Vorteile von Holzölen bei gleichzeitig besserem Schutz	keine geschlossene Oberfläche des Holzes, regelmäßiges Nachbehandeln nötig
Hartwachsöle	haben die Vorteile von Holzölen und Hartölen bei gleichzeitig besserem Schutz	Holzoberfläche wird versiegelt und kann nicht mehr atmen
Holzfarben	Holzfarben sind hauptsächlich als Lacke und Lasuren erhältlich. Natürliche Farbtöne können auch mit Ölen erzeugt werden. Zudem gibt es ebenfalls Farben auf Lebensmittelbasis. Die Möglichkeiten, Holz zu färben, sind vielfältig, sodass man sich mit den Eigenschaften der anderen Stoffe auseinandersetzen muss.	

Weitere Bearbeitungsmöglichkeiten von Holz

Brandmalerei

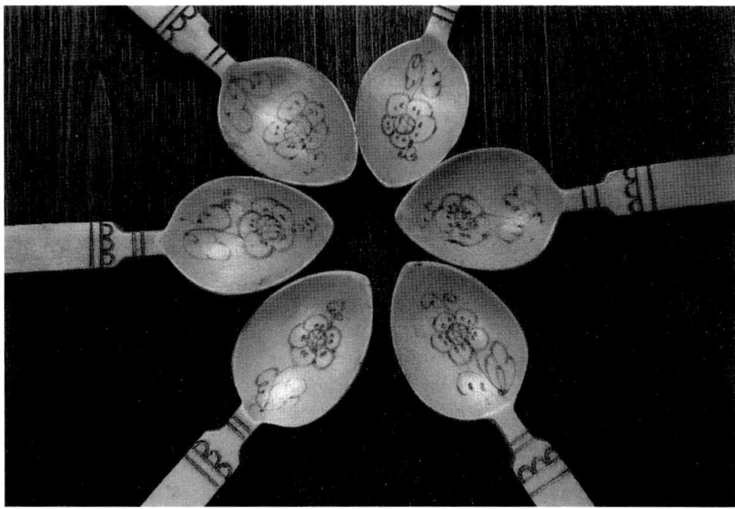

Die sogenannte Brandmalerei ist eine ideale Kunstform, um Ihre geschnitzten Kunstwerke zu verzieren und zu tollen Unikaten zu gestalten. Bei der Brandmalerei werden Motive mit speziellen Werkzeugen in das Holz eingebrannt. Sie wird auch als Pyrographie bezeichnet. Nicht nur klare Linien sind möglich, sondern auch Schattierungen und komplexe Formen und Muster.

Auch die Brandmalerei hat ihre Geschichte und geht auf sehr alte Traditionen zurück. Schon im alten Ägypten nutzten Menschen diese Kunstform, um Motive in unterschiedlichste Werkstoffe, wie beispielsweise Leder, Kork oder Holz, zu brennen. Mit der Erfindung der Elektrizität und den ersten Lötkolben wurden auch schon bald die ersten Werkzeuge für die Brandmalerei erfunden, wie beispielsweise der Brandmalkolben.

Werkzeug und Material

Möchten Sie mit der Brandmalerei beginnen, so braucht es nicht viel an Werkzeug. Zum ersten Ausprobieren können Sie sich zunächst mit einem günstigen **Brandmalkolben** behelfen. Sollte Ihnen die Brandmalerei Spaß bereiten und Sie bleiben dabei, lohnt es sich, eine **Brennstation** inklusive Bandmalkolben und austauschbaren **Brennschleifen und Formspitzen** für den Stift zu kaufen, da Sie damit eine Vielzahl an unterschiedlichen Techniken anwenden können. Ein **Bunsenbrenner** ist hilfreich, wenn Sie größere Flächen bearbeiten möchten. Zu guter Letzt benötigen Sie zum regelmäßigen Reinigen des Brandmalkolbens eine **Drahtbürste,** am besten eine aus Messing.

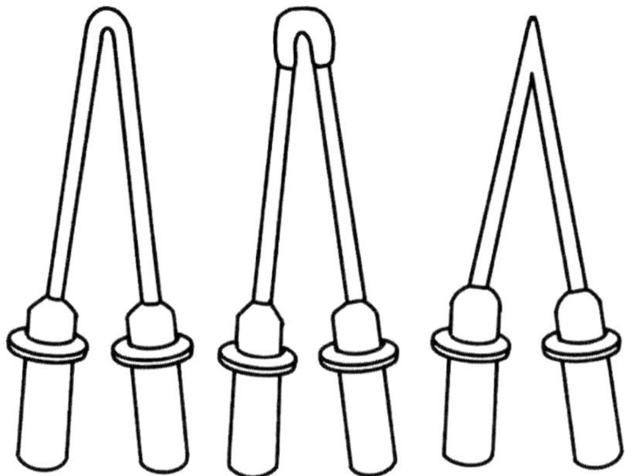

Auch wenn es etliche Formen an Brennschleifen gibt, haben sich in der Brandmalerei diese drei Brennschleifen besonders bewährt (01 = rund, 02 = flach, 03 = spitz). Dabei eignet sich die runde Brennschleife besonders für klare Linien, da diese durch ihre abgerundete Form nicht am Holzstück hängen bleibt. Die flache Brennschleife wird vorwiegend für Schattierungen verwendet, aber auch, um dünnere Linien zu ziehen. Die präzisesten Linien können allerdings mit der spitzen Brennschleife gezogen werden – sie erzeugt kräftige Muster.

Sicherheitsmaßnahmen

Der Brennstift, der bei der Brandmalerei verwendet wird, kann Temperaturen bis zu 1000 °C erzeugen und dementsprechend bei unsachgemäßer Bedienung zu starken Verbrennungen führen. Daher ist es wichtig, einigen Sicherheitsregeln Folge zu leisten:

- Tragen Sie zum Arbeiten stets eine Atemschutzmaske. Beim Verbrennen des Holzes entsteht Kohlenstoff, durch die im Holz enthaltenen Harze und Oberflächenbehandlungen des Holzes können allerdings auch giftige Dämpfe entstehen.
- Arbeiten Sie auf einer feuerfesten Unterlage und bereiten Sie eine ebenfalls feuerfeste Ablage für den Brennstift vor. Am besten eignet sich hierfür ein Metallgestell.
- Berühren Sie die Spitze des Brennstifts niemals, weder zum Prüfen, ob dieser schon heiß ist, noch um zu testen, ob dieser bereits abgekühlt ist.
- Lassen Sie die eingeschaltete Brennstation oder den Brandmalkolben niemals unbeaufsichtigt.
- Verbrennen Sie niemals andere Materialien, wie z. B. Plastik.
- Um die Spitze des Gerätes zu wechseln, muss dieses vollständig ausgekühlt sein.

Anleitung

1. Übertragen Sie ein Motiv auf Ihr Holzstück. Gehen Sie dabei vor wie im Kapitel „Vorlagen sicher übertragen" beschrieben.

2. Stellen Sie die entsprechende Temperatur an Ihrer Brennstation ein. Beachten Sie, dass weiches Holz eine geringere Temperatur benötigt als härteres Holz. Auch Ihre Brennstation braucht einige Zeit, um auf Temperatur zu kommen (in der Regel ein paar Minuten).

3. Halten Sie den Brennstift locker in der Hand und lassen Sie ihn über das Holz gleiten. Verweilen Sie dabei nicht zu lange auf einer Stelle, die Linie wird schöner, wenn Sie diese im Ganzen noch einmal nacharbeiten, falls sie Ihnen zu dünn erscheint.

4. Probieren Sie verschiedene Brennschleifen, Schattierungen und Muster aus. Achten Sie darauf, dass vor dem Wechsel der Brennschleife die Spitze, mit der Sie arbeiten, komplett ausgekühlt sein muss.

5. Falls Sie eine Pause machen möchten, sollten Sie den Brennkolben immer in eine feuerfeste Vorrichtung stellen und die Brennstation ausschalten.

6. Sind Sie fertig mit Ihren Arbeiten, reinigen Sie den Brennstift und alle benutzten Brennschleifen nach Abkühlung mit einer Drahtbürste.

Punzieren

Punzieren beschreibt das Prägen von Mustern und Motiven in Holz, Metall oder Leder. Dabei wird eine Art Stempel per Handarbeit in das Holz eingetrieben und hinterlässt so ein Negativ.

Mit dem Punzieren anzufangen ist nicht gerade leicht. Man wird erschlagen von einer Vielzahl von Stempeln, die auch als Eisen bezeichnet werden, und man weiß gar nicht, was man nun eigentlich braucht und was zusätzliche Spielerei ist.

Da das Punzieren kein günstiges Hobby ist, sollte man sich am Anfang auf die Basics konzentrieren. Folgende Dinge sind für das Punzieren unerlässlich:

Da beim Punzieren mit dem Hammer gearbeitet wird, brauchen Sie einen stabilen **Tisch**, der das Gehämmer auch aushält. Außerdem wird eine **Punzierunterlage** benötigt. Diese sollte aus glattem, poliertem Granit bestehen. Die Platte sollte mehrere cm dick sein, um den Hammerschlägen auch standzuhalten. Womit wir schon beim **Hammer** sind: Kaufen Sie sich keinen Hammer aus Eisen, dieser wäre zu schwer und würde Ihren **Punziereisen** mit der Zeit sehr zusetzen. Ein leichter Hammer aus Holz oder Kunststoff ist perfekt zum Punzieren. An Punziereisen brauchen Sie zunächst nicht sehr viele, auch wenn es hunderte dieser Eisen gibt. Folgende Punziereisen gibt es:

Beveler: Mit diesen werden die 3D-Effekte erzielt, indem das Holz auf der einen Seite heruntergeschlagen wird. Es gibt glatte, checkerd und lined Beveler, welche alle ein unterschiedliches Muster auf dem Holz hinterlassen. Beveler sind mit dem Buchstaben B und einer Nummer für die Größe gekennzeichnet. Als Anfänger brauchen Sie nicht mehr als drei verschiedene Größen.

Backgrounder: Diese werden verwendet, um Flächen, die im Hintergrund liegen, zu erzeugen. Mit diesem Eisen werden also bestimmte Bereiche flächig heruntergeschlagen. Gekennzeichnet sind die Backgrounder mit einem A sowie ebenfalls einer Nummer.

Pear Shader: Diese werden benutzt, um Flächen Konturen zu geben und diese so realistischer erscheinen zu lassen. Denn bei den wenigsten natürlichen Flächen handelt es sich wirklich um glatte Oberflächen. Gekennzeichnet sind diese Punziereisen mit einem P und einer Nummer. Für den Anfang reicht ein mittelgroßer und glatter Pear Shade.

Matting Tools: Diese werden meist zum flächigen Kaschieren und für auslaufende Muster verwendet. Sie setzen keine harten Grenzen, sondern erzeugen weich auslaufende Flächen. Bezeichnet werden diese mit einem M.

Bei diesen Werkzeugen handelt es sich um die Grundausstattung beim Punzieren. Ganz günstige Punziereisen sind oft nicht zu gebrauchen, die teuersten müssen es zu Beginn jedoch auch nicht sein. Schauen Sie, dass Sie sich im mittleren Preissegment bewegen, damit können Sie als Anfänger nichts falsch machen.

Epoxidharz

Wirklich bekannt geworden ist das Epoxidharz mit den sogenannten River-Tischen, die förmlich einen Hype auslösten. Hierbei werden zwei alte Holzstücke mit meist farblich behandeltem Epoxidharz überzogen und mit einem farblichen „Fluss" verbunden. Allerdings kann Epoxidharz noch so viel mehr, sodass es wirklich schade ist, dieses nur auf die River-Tische zu reduzieren. Epoxidharz kann Holz versiegeln, es können Formen in Kombination mit Holz gegossen werden, Holz kann ausgebessert und Lücken können geschlossen werden.

Epoxidharz besteht aus zwei Teilen, dem **Harz** und dem **Härter**. Mischt man diese beiden Komponenten zusammen, entsteht eine exotherme chemische Reaktion, das Gemisch wird warm und verbindet sich so zu einer sehr harten Oberfläche. Je heißer dabei das Harz wird, desto schneller vollzieht sich auch der Härtungsprozess. Dennoch kann auch eine zu hohe exotherme Reaktion zu einem ungleichmäßigen Ergebnis führen. Epoxidharz ist sehr resistent gegen jegliche Form der Schädigung des Holzes, wie beispielsweise Kratzer, Wasser, Lösungsmittel oder andere Chemikalien. Wichtig beim Arbeiten mit Epoxidharz sind eine gute Oberflächenvorbereitung und die richtige Arbeitsumgebung.

Wie bei allen Materialien gibt es auch beim Epoxidharz Unmengen an unterschiedlichen Produkten mit unterschiedlichen Eigenschaften. Daher ist es wichtig, dass Sie sich vorher überlegen, was Sie mit dem Epoxidharz machen möchten. Möchten Sie beispielsweise Holz beschichten, so eignet sich ein dünnflüssiges Harz am besten. Zum Gießen von Formen und Ausbessern von Rissen etc. verwenden Sie ein dickflüssigeres Harz. Möchten Sie das Harz im Außenbereich verwenden, so sollte das Harz auch für draußen geeignet sein, da klares Epoxidharz mitunter zum Vergilben neigt, wenn es der UV-Strahlung ausgesetzt wird. Dafür gibt es allerdings UV-beständige Harze oder man kann dem Harz Zusatzstoffe hinzufügen, die es UV-beständig machen.

Wichtig ist ebenfalls, dass Sie sich vor der Anwendung über die mögliche Schichtdicke Ihres Produktes informieren. Da es sich beim Epoxidharz um eine chemische Reaktion handelt, sollte man die speziellen Harze auch nur in einer gewissen Schichtdicke gießen, da es passieren kann, dass das Harz sonst nicht oder nur teilweise reagiert und damit hart wird. Unterschiedliche Harze haben unterschiedliche Schichtdicken, achten Sie dabei auf die Produktbeschreibungen der jeweiligen Firmen.

Auch in der Härte der Oberfläche nach der Reaktion gibt es Unterschiede. Manche Harze sind kratzfest und können für Schneidebrettchen verwendet werden, andere sind weicher, sodass man mit dem Fingernagel Kratzer hineinarbeiten kann. Deshalb noch einmal der Hinweis: Wenn Sie mit Epoxidharz arbeiten möchten, ist es essenziell, sich vorher genau über die entsprechenden Produkte zu informieren.

Werkzeuge und Material

Zum Mischen des Epoxidharzes benötigen Sie:

- einen Becher oder Eimer zum Mischen der beiden Komponenten
- einen Löffel oder Spatel zum Mischen
- einen Heißluftfön oder Bunsenbrenner
- Folie zum Abdecken
- eine Gussform für das Harz
- Handschuhe, Atemschutzmaske und im besten Fall auch eine Schutzbrille

Zum Bauen einer Gussform benötigen Sie:

- Holz in der Form und Größe, in welchen Sie die Gussform benötigen
- Schrauben zum Zusammenschrauben des Holzes
- Silikonspray und Silikon
- Akkuschrauber und Stichsäge

Zum Behandeln der Oberfläche benötigen Sie:

- Schleifpapier (trocken und nass)
- Poliermaschine und Polierpaste
- ein hochwertiges Holzöl zum Finishen

Anleitung zum Versiegeln von Oberflächen

Möchten Sie Holz mit Epoxidharz versiegeln, so ist die Arbeitsumgebung entscheidend für die Qualität des Ergebnisses. Eine staubfreie und trockene Umgebung liefert qualitativ hochwertigere Ergebnisse. Auch die Temperatur sollte nicht zu extrem sein, um unerwünschte Reaktionen zu vermeiden. Laminierharze eignen sich durch ihre hohe Viskosität besonders gut zum Versiegeln von Oberflächen. Gehen Sie wie folgt vor:

1. Auch für die Arbeiten mit Epoxidharzen benötigt das Holz eine Vorbereitung. Fett-, Öl- und Wachsrückstände auf dem Holz müssen vollständig entfernt werden. Zudem sollte die Oberfläche nicht zu glatt sein, damit das Harz auch Haftung auf der Oberfläche findet. Die Holzoberfläche sollte zudem sauber und trocken sein.

2. Die Oberfläche sollte mit Schleifpapier behandelt werden. Bei öligen Holzarten wie Oliven- oder Teakholz können Sie die Oberfläche ggf. mit etwas Aceton entfetten. Entfernen Sie anschließen den Staub gründlich mit einer Bürste.

3. Um zu verhindern, dass das Epoxidharz über die Fläche hinausläuft und nach unten tropft, können Sie eine Barriere aus hochwertigem Klebeband rund um die zu versiegelnde Fläche errichten.

4. Prüfen Sie, ob die Oberfläche komplett waagerecht aufliegt, da Sie sonst ungleichmäßige Dicken auf dem Holz erhalten.

5. Mischen Sie nun das Epoxidharz mit dem Härter. Achten Sie darauf, dass Sie so wenige Luftblasen wie möglich in das Gemisch einbringen.

6. Schütten Sie nun das Harz in die Mitte der Oberfläche des Holzes. Das Harz bleibt noch einige Zeit in flüssiger Form. Sie können so lange das Gemisch ausnivellieren. Sobald das Epoxidharz beginnt, sich zu verfestigen, sollten Sie es nicht mehr bearbeiten.

7. Solange das Gemisch noch flüssig ist, sollten Sie auch alle Luftblasen mit einem Bunsenbrenner oder Heißluftfön entfernen. Achten Sie darauf, dass Sie nicht zu lange an einer Stelle bleiben, damit die Mischung nicht zu heiß wird.

8. Ist das Epoxidharz fest, aber noch nicht vollständig ausgehärtet, können Sie eine zweite Schicht auftragen. Dafür muss die Oberfläche nicht erneut angeschliffen werden, da sich das Gemisch chemisch mit der ersten Schicht verbindet.

Anleitung zum Befüllen und Ausbessern von Holz

Ist Ihr Holz beispielsweise gerissen, so können Sie die Risse mit Epoxidharz befüllen, um eine glatte Oberfläche herzustellen. Gehen Sie wie folgt vor:

1. Auch hier muss das Holz zunächst gereinigt werden. Staub und Rindenstücke, die nicht festsitzen, müssen entfernt werden.

2. Der Riss sollte nun sorgfältig mit einem hochwertigen Klebeband abgeklebt werden, um das Auslaufen des Harzes zu vermeiden. Sie sollten unbedingt die Risse vor dem Mischen des Harzes mit dem Härter abkleben, da ansonsten nicht genügend Zeit bleibt.

3. Nun können Sie den Mischvorgang starten und die Risse und Löcher mit Harz befüllen. Nach 5 Minuten sollten Sie checken, ob das Harz etwas abgesunken ist, und ggf. erneut mit Epoxidharz auffüllen. Sie können auch in vielen kleinen Schichten befüllen und das Harz erneut anmischen.

4. Wichtig ist auch, dass Sie lieber zu viel Harz in die Löcher geben als zu wenig. Überstände können nach dem Trocknen durch Schleifen entfernt werden.

Anleitung zum Gießen von Epoxidharz

Hat man ein schönes Kunstwerk aus Holz erschaffen, so kann man dieses auch komplett in Epoxidharz eingießen, um es zu konservieren. Um dies zu tun, benötigen Sie allerdings eine Silikonform in der entsprechenden Größe, welche Sie fertig erwerben oder selbst herstellen können. Dazu benötigen Sie kunstharzbeschichtete Platten, die miteinander verschraubt und anschließend mit Silikon abgedichtet werden.

Sie müssen zudem unbedingt darauf achten, in welcher Schichtdicke das Epoxidharz zu gießen ist. Einige Harze müssen beispielsweise erst anhärten, jedoch nicht vollständig aushärten, bevor die nächste Schicht darauf gegossen werden kann. Folgen Sie dabei im Wesentlichen der Anleitung der ersten beiden Projekte.

1. Auch hier muss das Holz zunächst gereinigt werden. Staub und Rindenstücke, die nicht festsitzen, müssen entfernt werden.

2. Platzieren Sie Ihr Holzstück in der Silikonform und befestigen Sie es, sodass es beim Aufgießen des Epoxidharzes nicht verrutschen kann.

3. Ist alles gut befestigt, können Sie den Mischvorgang starten und die Silikonform mit Harz befüllen. Achten Sie auch hierbei unbedingt auf die des Herstellers angegebene maximale Schichtdicke, da es beim Überschreiten dieser zu keinem schönen Ergebnis kommt bzw. das Epoxidharz erst gar nicht richtig aushärtet.

Projekte

In diesem Kapitel finden Sie zahlreiche Projekte, für Anfänger bis hin zum Profiniveau. Stöbern Sie einmal durch und finden Sie das richtige Projekt für sich. Sie finden zudem detaillierte Anleitungen sowie Werkzeuge und Materialien, die Sie zum Bearbeiten der jeweiligen Projekte benötigen.

EINFACHE PROJEKTE ZUM START

Projekt Herz schnitzen

Ein Herz zu verschenken, ist ein schönes Zeichen. Wenn es dann auch noch aus Holz selbst geschnitzt ist, macht das noch viel mehr her. Und es ist gar nicht schwer. Im Folgenden finden Sie die Anleitung mit Materialliste.

Sie benötigen für dieses Projekt:

- eine Astgabel
- ein Taschenmesser mit integrierter Säge
- Schleifpapier

Anleitung:

➢ Kürzen Sie zunächst die beiden oberen Äste der Astgabel mit der Säge, sodass bereits eine grobe Herzform zu erkennen ist. Den Hauptast sollten Sie zunächst lang lassen, so können Sie den Ast gut festhalten, ohne die Gefahr, sich selbst beim Schnitzen zu verletzen.

➢ Anschließend werden die gekürzten Astteile abgerundet. Verwenden Sie dazu das Schnitzmesser.

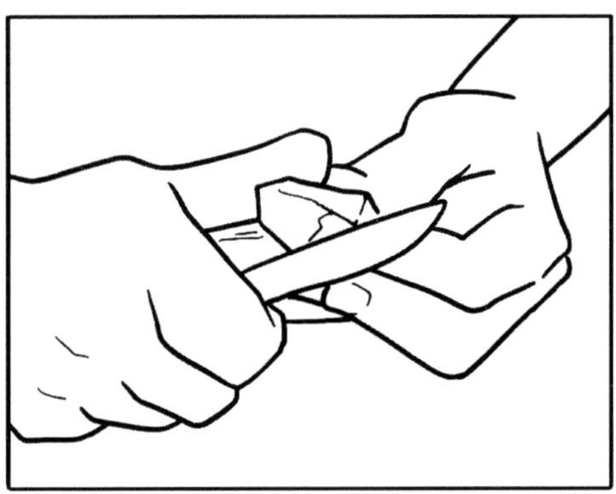

➢ Nun wird der Hauptast gekürzt. Achten Sie dabei darauf, dass dieser spitz zuläuft und so die untere Spitze des Herzens darstellt. Nun ist die Form des Herzens bereits gut zu erkennen.

➢ Nun fehlt noch der Feinschliff. Entfernen Sie die Rinde und arbeiten Sie die Form des Herzes mit dem Schnitzmesser weiter nach.

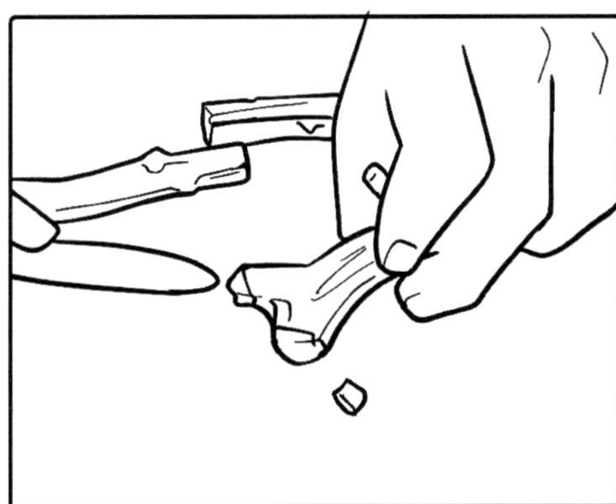

➢ Sind Sie mit der Form des Herzes zufrieden, können Sie kleinere Ecken und Kanten mit Schleifpapier entfernen. Fertig ist das Holzherz zum Verschenken.

Projekt Löffel schnitzen

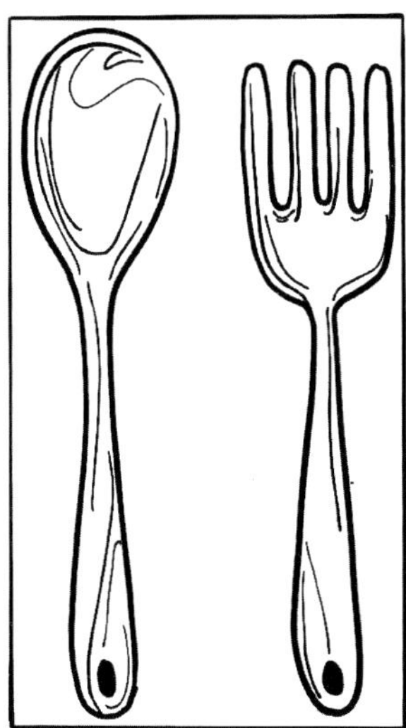

Selbstgemacht ist doch einfach am schönsten. Warum also nicht einmal einen selbstgeschnitzten Holzlöffel verschenken oder für den eigenen Haushalt herstellen? Für dieses Projekt sind nur wenige Materialien nötig und Sie können dennoch ein einzigartiges Werkstück herstellen.

Bei der Wahl des Holzes ist Vorsicht geboten. Der Löffel kommt mit großer Wahrscheinlichkeit in Kontakt mit Ihrer Nahrung, daher fallen giftige Holzarten, wie die Eibe, schon einmal raus. Auch harzige Holzarten sind für einen Löffel eher ungeeignet. Besonders gut eignen sich Obsthölzer, die durch ihre schöne Maserung optisch sehr ansprechend sind. Aber auch Linde, Birke, Pappel oder Ahorn werden Ihren Löffel zu einem Unikat machen. Sie können sich zudem entscheiden, ob Sie Grünholz oder getrocknetes Holz verwenden möchten. Bei der Verwendung von Grünholz sollten Sie berücksichtigen, dass das Holz beim Trocknen noch schwindet, und dies bei der Formgebung des Löffels einberechnen.

Sie benötigen für dieses Projekt:

- eine Handsäge
- ein Hohleisen
- ein Balleisen

Anleitung:

➢ Stellen Sie sich zunächst einen Rohling her. Dafür zeichnen Sie sich die Proportionen des Löffels auf das Holzstück. Auch an der Seite sollten Sie sich eine Markierung setzen, da der Löffel etwa in der Mitte und dem oberen Drittel nicht gerade sein wird, sondern eine leichte Biegung bekommt.

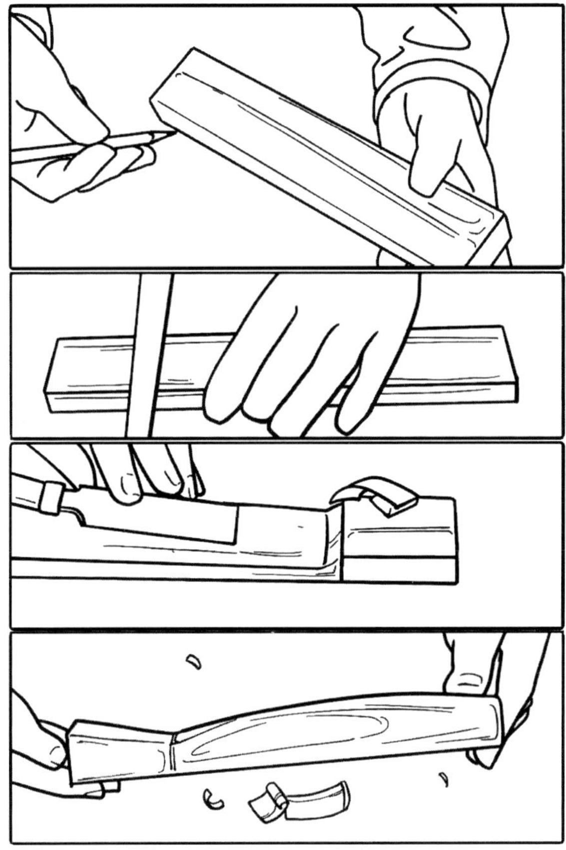

➢ Um eine Vertiefung herzustellen, sägen Sie nun an der Stelle zwischen dem Löffelkopf und dem Stiel bis zu der gesetzten Markierung an der Seite ein. Mit dem Balleisen entfernen Sie nun das Holz bis zu der gesägten Kerbe, sodass ein leichtes Gefälle nach beiden Seiten entsteht. Von der Seite können Sie nun bereits die leicht gebogene Form des Löffels erkennen.

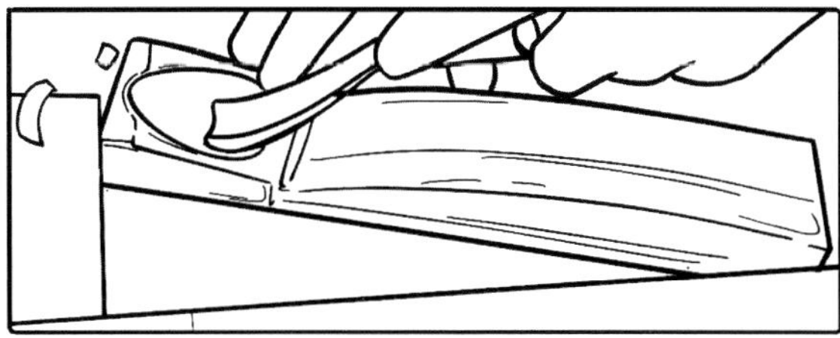

➢ Nun können Sie beginnen, im vorderen Drittel den Löffel auszuhöhlen. Dazu verwenden Sie ein Hohleisen.

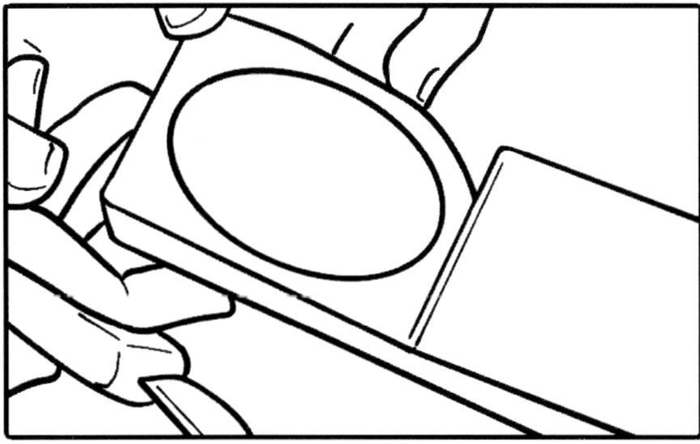

➢ Da der Übergang von dem Löffelkopf zum Stiel ebenfalls etwas schmaler ist, wird auch hier seitlich entlang der gezeichneten Linie (zwischen Kopf und Stiel) mithilfe einer Säge eingesägt. Anschließend wird diese ebenfalls mit einem Flacheisen vergrößert, sodass der Löffelkopf seine Form bekommt.

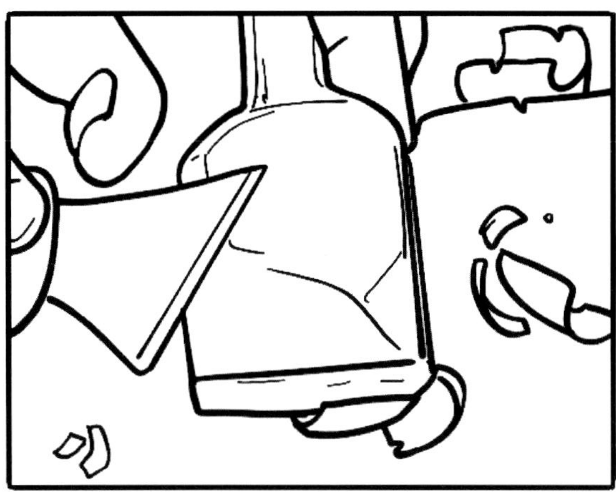

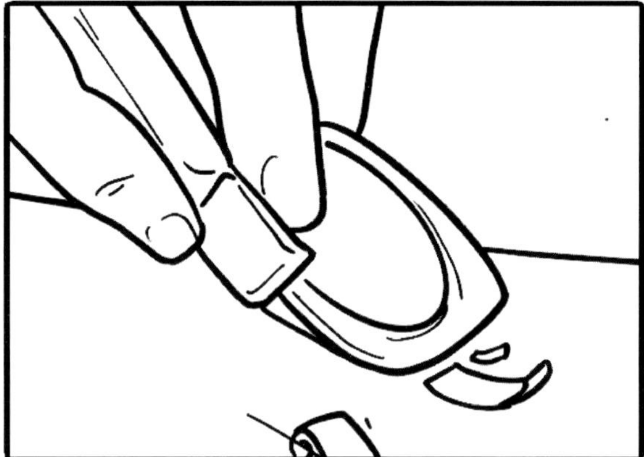

➢ Zeichnen Sie sich nun eine weitere Hilfslinie um den Löffelkopf in der Breite, die Ihnen beliebt. So breit wird dann später der Löffel sein. Nun arbeiten Sie auch am vorderen Ende des Holzes an der Form des Löffelkopfes. Auch unten müssen Sie weiteres Holz entfernen, um die Form des Löffels zu erhalten.

➢ Mithilfe des Flacheisens können Sie nun auch das überschüssige Holz entlang des Stieles entfernen.

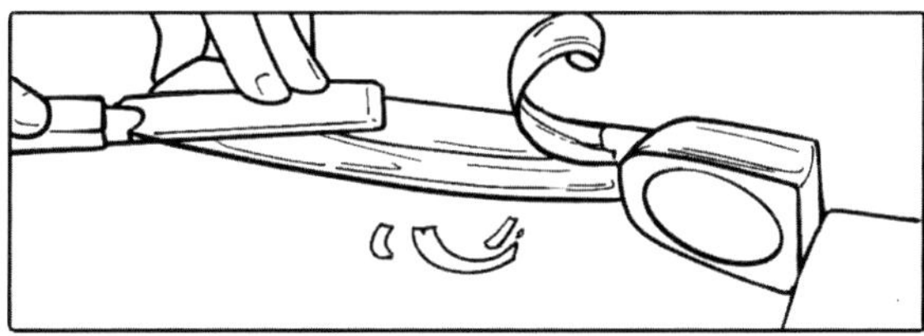

➢ An der Seite des Holzstückes zeichnen Sie sich ebenfalls auf, welche Form der Stiel des Löffels haben soll. Entfernen Sie dann auch hier das überschüssige Holz.

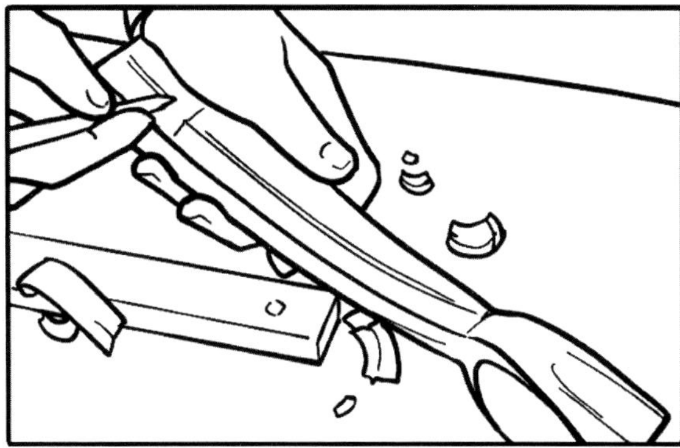

➢ Sind Sie mit der Form des Löffels und des Stieles zufrieden, können Sie Verzierungen in den Löffelstiel einarbeiten. Verwenden Sie dazu zunächst einen Geißfuß. Schneiden Sie mit diesem beispielsweise diagonal in den Stiel. Mit einem Balleisen können Sie die scharfen Ecken und Kanten abrunden. Sie können den Stiel auch beliebig gestalten, das ist aber kein Muss. Zu Beginn reicht auch erst einmal ein einfacher Stiel.

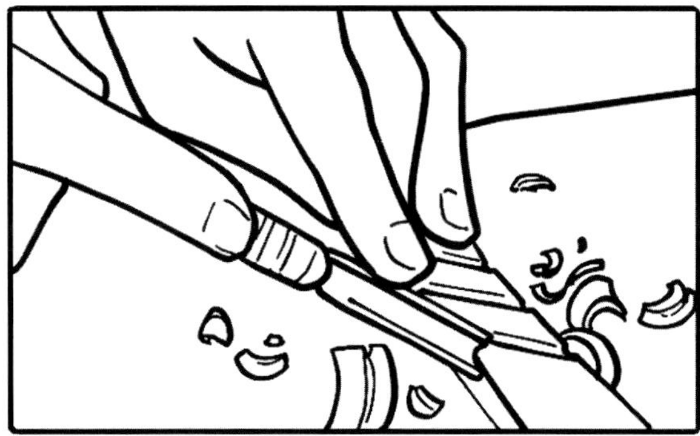

Schalen, Krüge & Teller

Schalen, Krüge, Teller und Besteck gehören zu den einfacheren Schnitzarbeiten. Einigen Menschen liegt das Modellieren, wie es bei Skulpturen und dem Schnitzen von Gesichtern gebraucht wird, nicht besonders. Und für die Projekte in diesem Kapitel benötigen Sie diese Fähigkeit auch nicht. Sie können sich ganz einfach schöne Schalen in speziellen Designs, Teller oder Besteck herstellen. Im folgenden Kapitel wird erklärt, wie das funktioniert.

Projekt Schale schnitzen

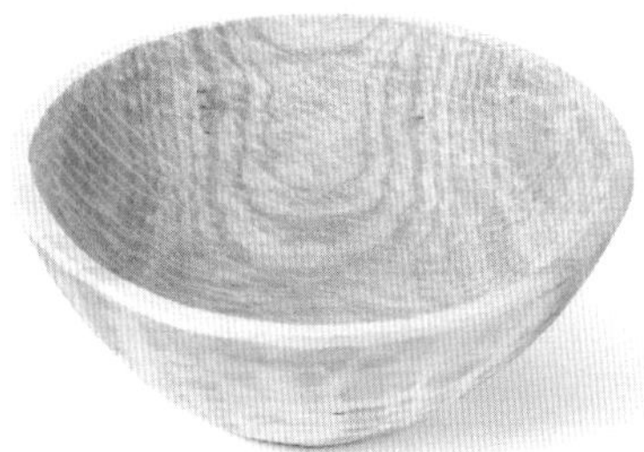

Um eine Schale zu schnitzen, benötigen Sie zunächst einen Holzstamm der entsprechenden Größe. Sie haben eine Vorstellung, wie groß Ihre Schale werden soll? Dementsprechend sollte auch ungefähr die Größe Ihres Baumstammes sein. Zum besseren Verständnis: Der Baumstamm wird in der Mitte gespalten und die Größe und die Form der Schale werden auf die innere Holzfläche aufgezeichnet. Die genaue Anleitung folgt.

Viele Holzarten eignen sich zum Schnitzen von Schalen. In diesem Beispiel wurde ein Birkenstamm verwendet, der zwei Jahre lang getrocknet wurde.

Sie benötigen für dieses Projekt:

- eine Motorsäge oder Handsäge
- eine Axt
- einen Birkenstamm in der Größe der Schale (ca. 1-2 Jahre getrocknet)
- ein großes Hohleisen, im besten Falle bereits leicht in Längsrichtung gebogen
- einen Handhobel
- Schleifpapier
- Schnitzmesser

Anleitung:

➢ Zunächst wird der Stamm in die entsprechende Form gebracht. Dazu benötigen Sie eine Motorsäge oder Handsäge und eine Axt. Schneiden Sie den Stamm in die Länge, die Sie benötigen. Mit der Axt wird der Stamm in der Mitte gespalten. Mit der Axt wird die Rinde entfernt und der Stamm an der gerundeten Seite bearbeitet. Je nachdem, wie tief Sie die Schale schnitzen wollen, nehmen Sie mehr oder weniger Holz von der Unterseite weg. Mit einem Handhobel und Schleifpapier können Sie die Unterseite weiter bearbeiten. Diese muss schön eben sein, damit die Schale später gerade steht.

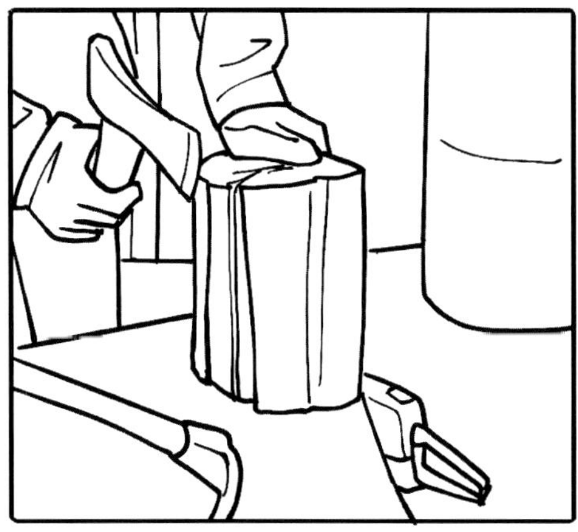

➢ Zeichnen Sie sich nun die Umrisse Ihrer Schale auf die obere, also die gespaltene Seite des Stammes. Überlegen Sie sich, wie breit Sie den Rand der Schale schnitzen möchten, und zeichnen Sie diesen ebenfalls sauber auf.

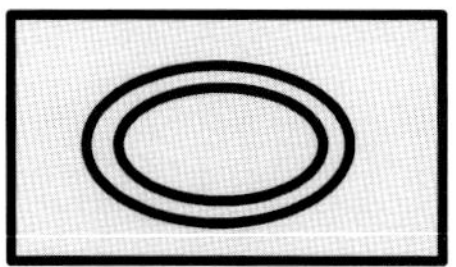

➢ Beginnen Sie nun, das Innere der Schale mit einem Hohleisen auszuhöhlen. Verwenden Sie dazu ein recht großes Hohleisen, um sich etwas Arbeit zu sparen. Ein in der Länge bereits leicht gebogenes Hohleisen erleichtert Ihnen das Aushöhlen der Schale enorm, da Sie von Beginn an die natürliche Rundung der Schale herausarbeiten. Hat die Schale die gewünschte Tiefe erreicht, können Sie die Innenseite der Schale mit Schleifpapier bearbeiten, um die letzten Kanten zu entfernen.

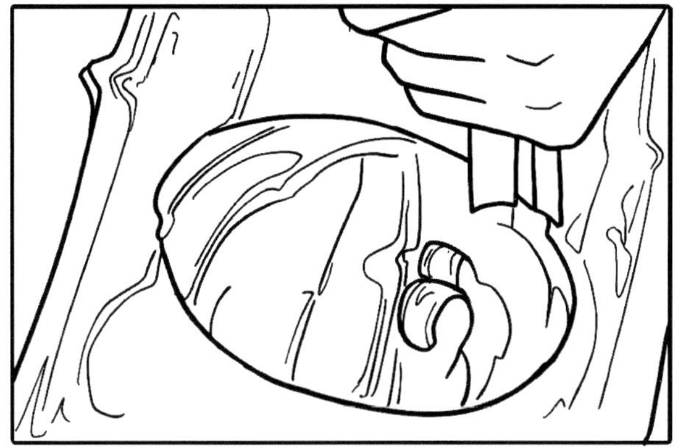

➢ Nun können Sie sich weiter der Außenseite der Schale widmen. Mit der Axt bearbeiten Sie das Holz und nähern sich langsam Ihrer vorgezeichneten Außenlinie an. Mit der Handsäge können Sie ebenfalls größere Stücke an der Längsseite entfernen. Achten Sie darauf, dass Sie zu Beginn die Wand der Schale nicht zu dünn herausarbeiten, da diese sonst leicht brechen kann. Ist das Ihre erste Schale, so ist es einfacher, eine Schale mit einer dickeren Wand zu wählen. Bei der nächsten Schale können Sie sich an einer dünneren Wand versuchen.

➢ Haben Sie die Schale so weit bearbeitet, dass die Wand die gewünschte Dicke erreicht hat, und Sie haben zudem eine schöne runde Form herausgearbeitet, so können Sie die letzten Unfeinheiten zunächst mit einem Schnitzmesser und anschließend mit Schleifpapier beseitigen. Verwenden Sie dazu den drückenden Schnitt.

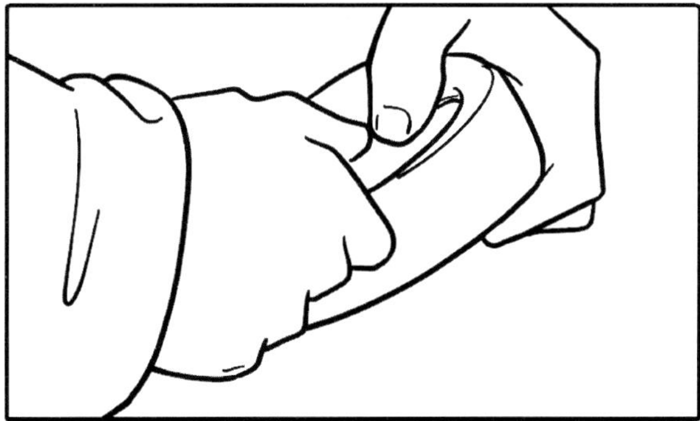

➢ Arbeiten Sie auch den oberen Rand der Schale mit dem Schnitzmesser nach, um einen sauberen Abschluss zu erhalten. Möchten Sie hier abgerundete Kanten haben, so können Sie hier ebenfalls mit Schleifpapier arbeiten.

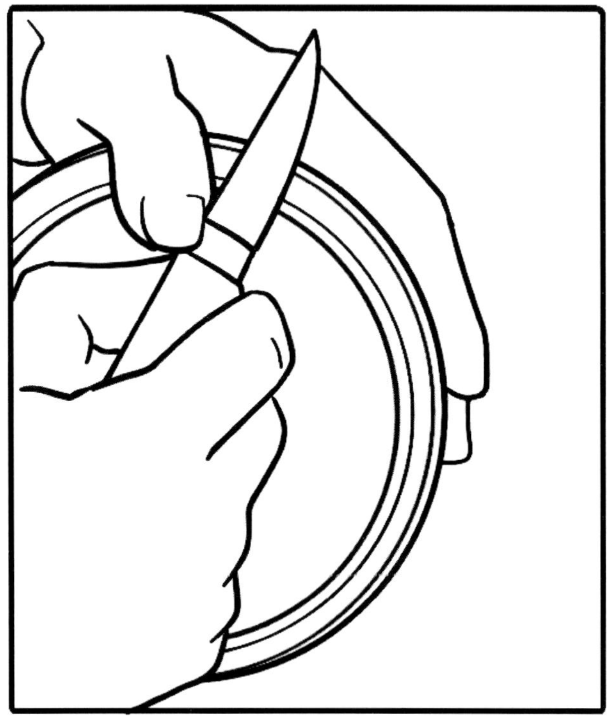

➢ Um der Schale ein schönes natürliches Finish zu verleihen, benutzen Sie am besten Lein- oder Walnussöl.

Projekt Tasse schnitzen

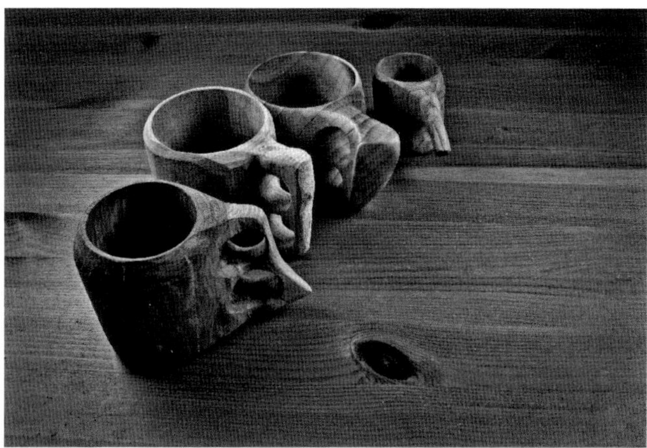

Eine Tasse zu schnitzen, ist vergleichbar mit dem Vorgehen der Herstellung einer Schale. Die Tasse gestaltet sich aber durch den höheren Rand und den kleineren Hohlraum im inneren etwas anspruchsvoller als die Schale. Im folgenden Beispiel wurde zur Herstellung der Schale ebenfalls ein Birkenstamm verwendet.

Bei der Wahl des Holzes ist Vorsicht geboten. Die Tasse kommt mit Nahrungsmitteln in Kontakt, daher sind giftige Holzarten, wie beispielsweise die Eibe, nicht für dieses Projekt geeignet. Auch harzige Holzarten sollten eher vermieden werden. Besonders gut eignen sich Obsthölzer, die durch ihre schöne Maserung optisch sehr ansprechend sind. Aber auch Linde, Birke, Pappel und Ahorn werden Ihre Tasse zu einem Unikat machen.

Sie benötigen für dieses Projekt:

- eine Motorsäge oder Handsäge
- eine Axt
- einen Birkenstamm in der Größe der Tasse (ca. 1-2 Jahre getrocknet)
- ein großes Hohleisen
- ein sogenanntes Löffelmesser
- Schleifpapier
- ein Schnitzmesser
- einen Dremel

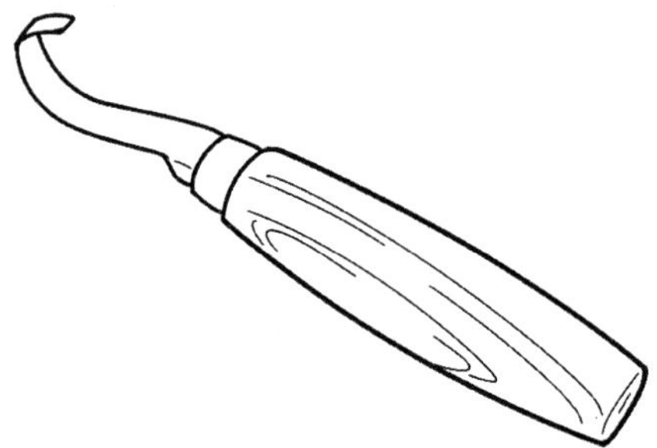

Anleitung:

➢ Spalten Sie den Birkenstamm in der Mitte und stellen Sie mit der Axt einen rechteckigen Holzblock her. Achten Sie darauf, dass der Holzblock tief genug ist, um eine Tasse mit den richtigen Proportionen schnitzen zu können, die auch tief genug ist.

➢ Malen Sie sich die Form Ihrer Tasse auf die gespaltene Seite des Holzes. Verwenden Sie am besten für die runde Form der Tasse einen Zirkel. Vergessen Sie den Henkel nicht. Dabei ist Ihrer Fantasie in Gestaltung und Form keine Grenze gesetzt.

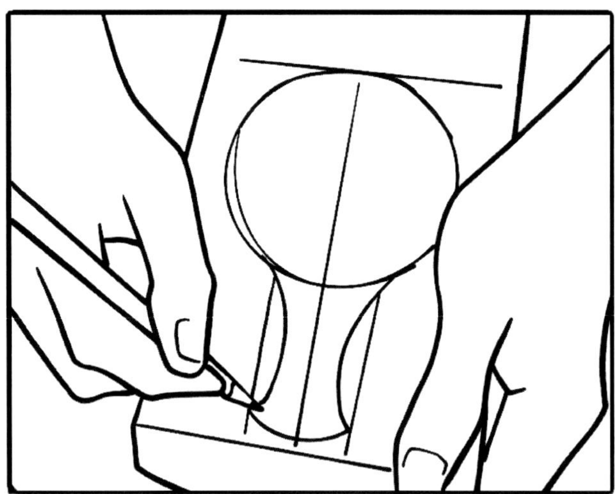

➢ Um das Holzstück nun gut bearbeiten zu können, spannen Sie es auf einer Werkbank ein oder Sie verwenden Schraubzwingen. So haben Sie beide Hände zur Verfügung, wenn es an das Aushöhlen des Innenraums geht.

➢ Verwenden Sie nun das große Hohleisen, um den Hohlraum im Inneren der Tasse zu bearbeiten und nach und nach auszuhöhlen.

➢ Arbeiten Sie sich mit dem Hohleisen langsam an die von Ihnen vorgemalte Linie heran.

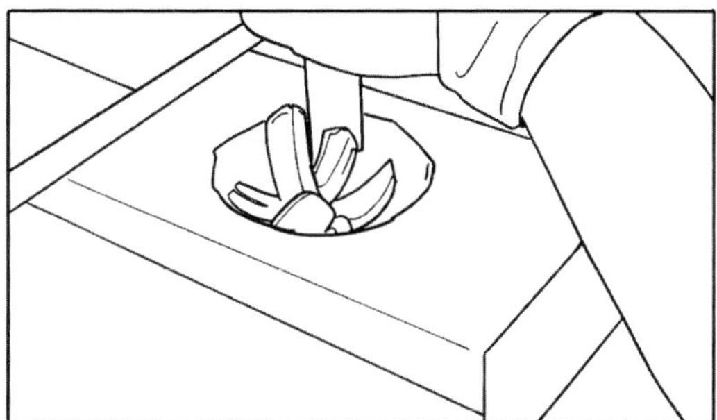

➢ Durch den Platzmangel im Inneren der Tasse arbeiten Sie ab einer gewissen Tiefe mit dem Löffelmesser weiter. Durch die gebogene Form können Sie mit diesem recht einfach die Rundungen innerhalb der Tasse herausarbeiten.

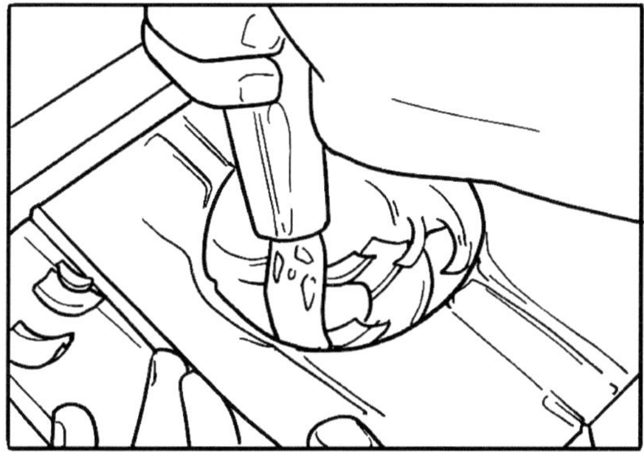

➢ Sind Sie mit dem Inneren der Tasse zufrieden, können Sie nun weiter an der äußeren Form arbeiten. Dazu benutzen Sie für die gröberen Arbeiten die Axt.

➢ Haben Sie genügend Holz entfernt, geht es nun an den Feinschliff. Dazu benutzen Sie das Schnitzmesser. Entfernen Sie Kanten und Ecken und arbeiten Sie sich an die zweite aufgezeichnete Linie heran, um eine dünne Wand zu erhalten. Mit dem Schnitzmesser bearbeiten Sie auch die Form des Henkels, zunächst jedoch nur in der Breite. Die Längsform bearbeiten Sie, nachdem das Loch in den Henkel gedremelt wurde.

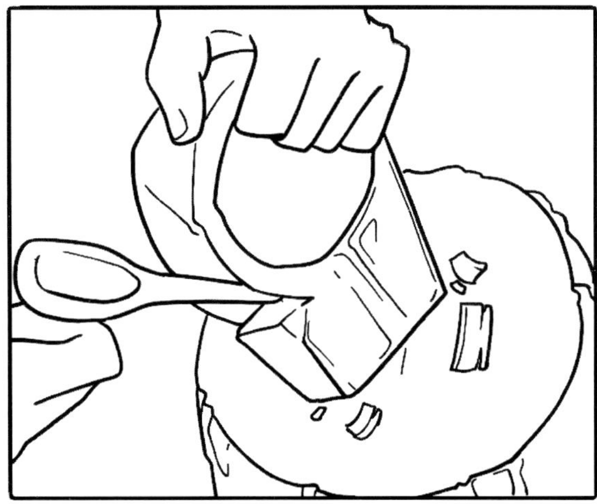

➢ Sind Sie mit der Form Ihrer Tasse und der Breite des Henkels zufrieden, kommt nun der Dremel zum Einsatz. Mit diesem fertigen Sie das Loch im Henkel.

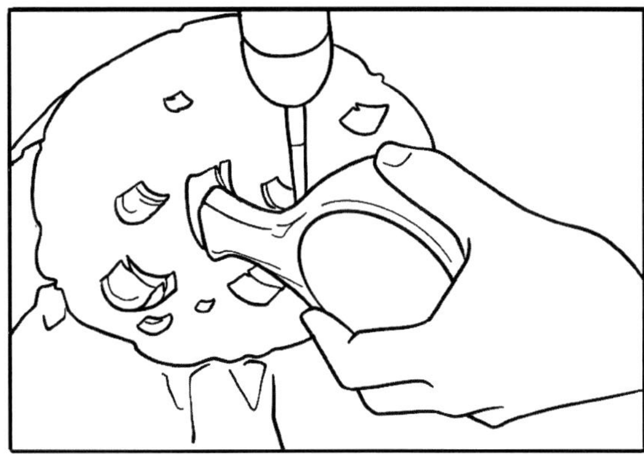

➢ Haben Sie das Loch durchgebrochen, so können Sie nun Ihre finale Gestaltung der Form des Henkels auf das Holzstück zeichnen, nun auch in Längsrichtung. Nun können Sie weiter an der Form mithilfe des Schnitzmessers arbeiten.

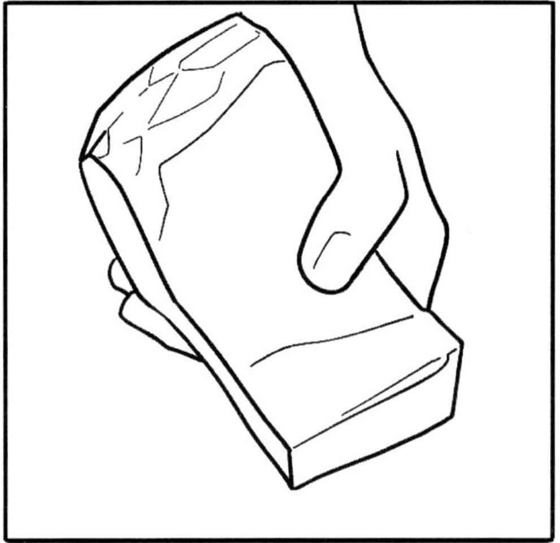

➢ Auch den Boden sollten Sie noch einmal nacharbeiten, um zu gewährleisten, dass die Tasse gerade steht und nicht kippelt.

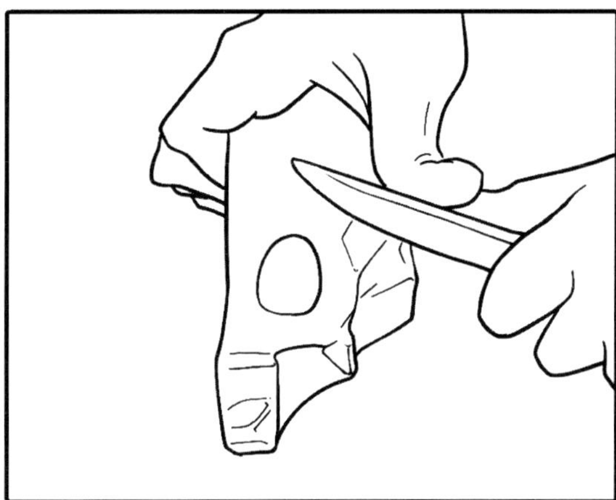

➢ Mit dem Schleifpapier können Sie die Tasse noch einmal nacharbeiten und kleinere Ecken und Kanten entfernen. Und fertig ist Ihre neue Tasse.

Projekt Schneidebrettchen schnitzen

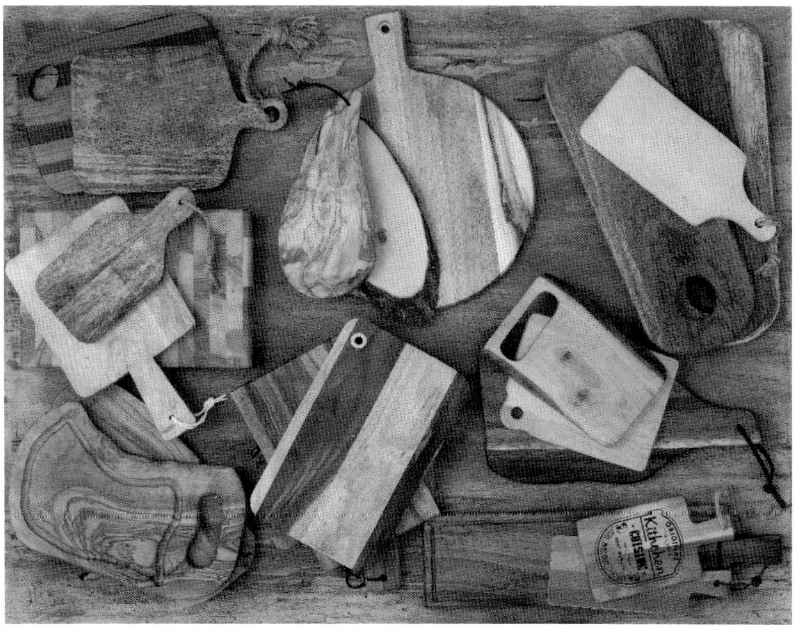

Ist es nicht toll, sich einmal sein eigenes Schneidebrett herzustellen? Es sogar nach den eigenen Vorstellungen zu designen? Im Folgenden finden Sie eine Anleitung mit Ideen zu dem Design.

Sie benötigen für dieses Projekt:

- ein Holzbrett in ausreichender Dicke und Größe
- eine Säge
- einen Bleistift
- ein Balleisen
- ein Hohl- oder Flacheisen in verschiedenen Breiten
- eine Bohrmaschine (optional)
- Stichsäge (optional)
- Schleifpapier

Anleitung:

➢ Schneiden Sie sich zunächst das Holzbrett in der entsprechenden Größe zurecht. Verwenden Sie dazu eine Säge.

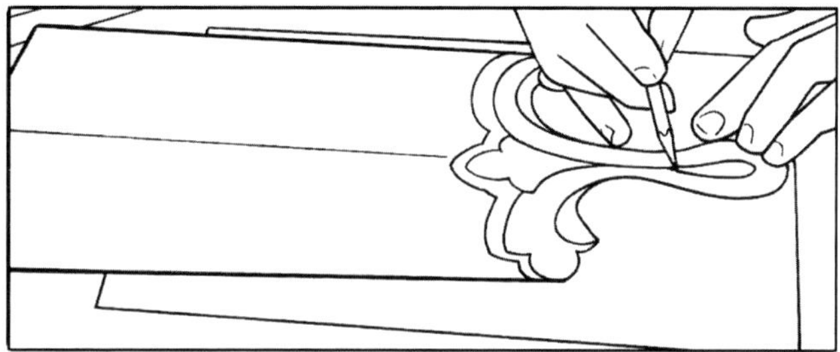

➢ Erstellen Sie sich eine Vorlage, wie Sie das Schneidebrett gestalten möchten, z. B. mit einem verzierten Griff. Übertragen Sie diese auf Ihr Holzbrett.

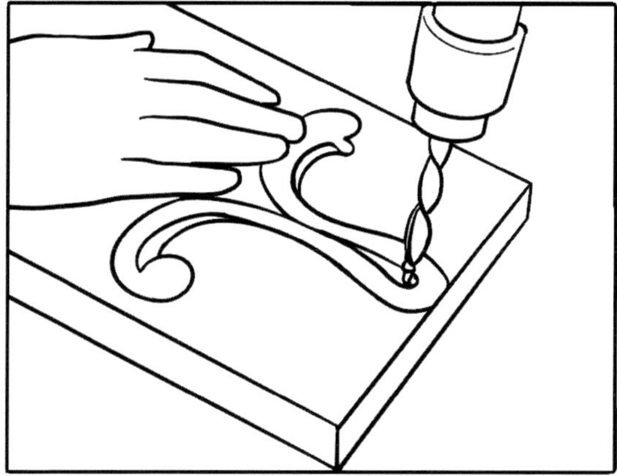

➢ Möchten Sie am Ende des Griffes des Schneidebrettes ein Loch erzeugen, so verwenden Sie dafür am besten eine Bohrmaschine. Dieser Schritt ist jedoch optional, je nach Gestaltung des Griffes.

➢ Zunächst arbeiten Sie dann an der äußeren Form des Schneidebrettes vor allem im Bereich des Griffes. Haben Sie eine Stichsäge griffbereit, ist es am einfachsten, diese zu verwenden. Sollten Sie keine Stichsäge haben, können Sie sich aber auch langsam mit Ihrem Schnitzwerkzeug an die Außenlinie heranarbeiten.

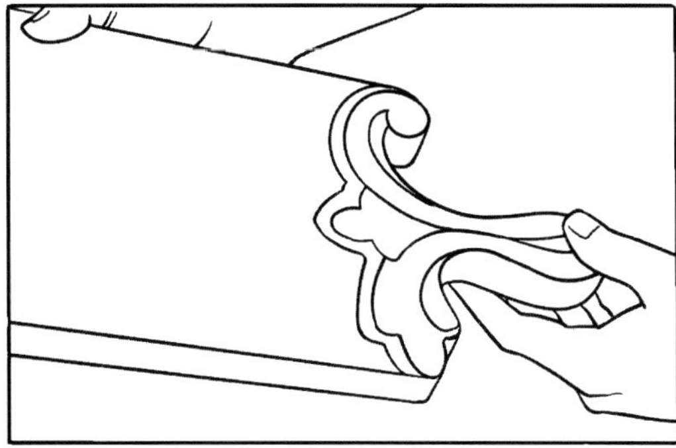

➢ Nun beginnen Sie mit den Verzierungen im Griff. Mit einem Balleisen arbeiten Sie die Linien, die Sie aufgezeichnet haben, senkrecht in das Holz nach. Dazu können Sie einen Hammer verwenden. Achten Sie darauf, dass Sie nur so tief ins Holz einschneiden, wie Sie auch später die Vertiefung der Verzierung haben möchten.

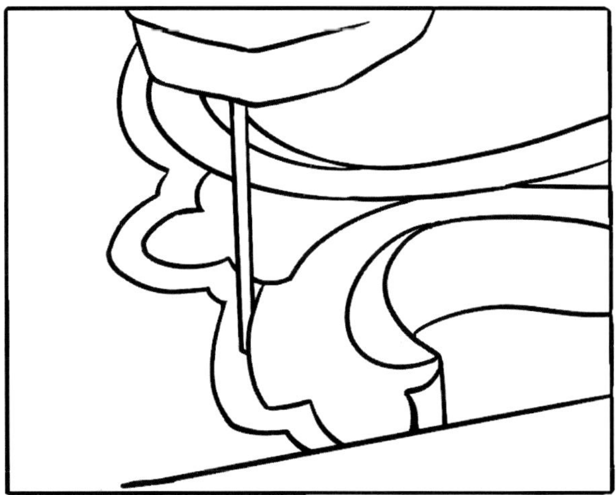

➢ Mit einem Hohleisen arbeiten Sie nun die Vertiefung heraus. Sie werden gleichmäßig immer tiefer, bis Sie die vorgearbeitete Linie am tiefsten Punkt treffen. Dort können Sie die Späne entfernen.

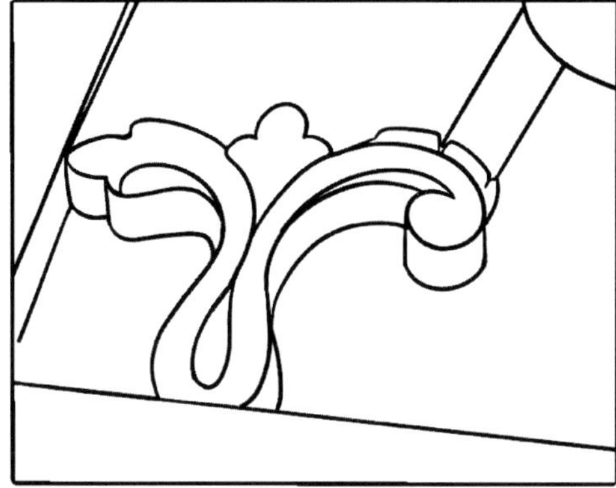

➢ Nun höhlen Sie langsam die unteren Bereiche des Griffes aus. Dafür verwenden Sie ein schmaleres Hohl- oder Flacheisen.

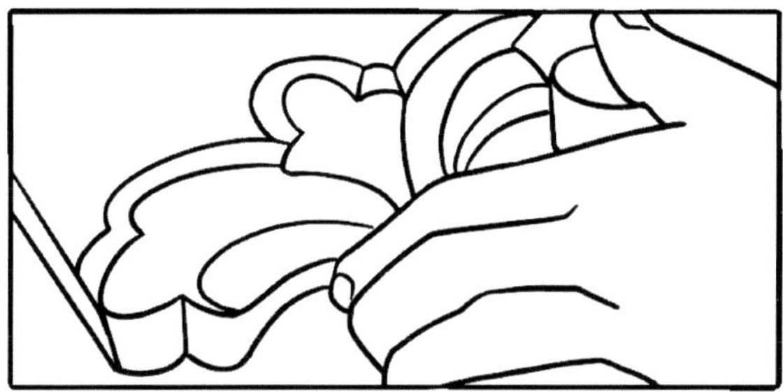

➢ Mit einem Geißfuß werden die Linien in der Mitte des Griffes nachgearbeitet, die entstandenen scharfen Kanten können Sie dann weiter mit einem Hohleisen bearbeiten und etwas abrunden, damit die Verzierungen plastisch aussehen.

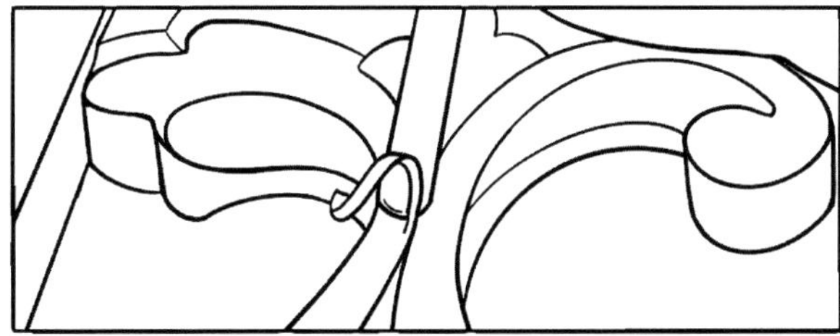

➢ Die Ecken im Bereich des Griffes werden abgerundet, sodass sie einen schönen Abschluss darstellen. Den mittleren Bereich des Griffes können Sie etwas aushöhlen, sodass dieser wie drei Blätter aussieht.

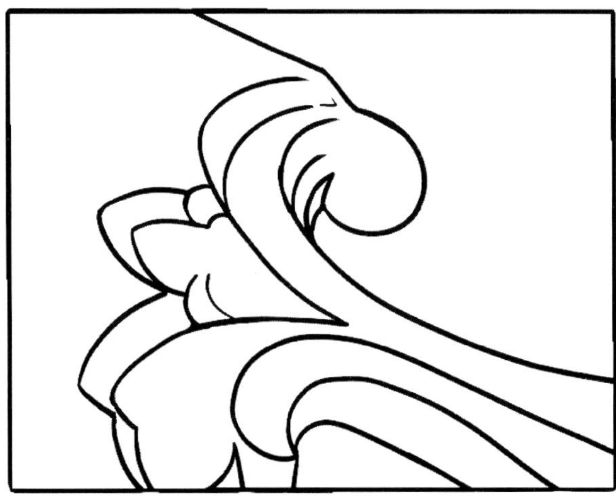

➢ Wenn Sie zufrieden mit der Form sind, arbeiten Sie alles mit Schleifpapier nach und entfernen so kleine Ecken und Kanten. Auch die Ecken des Schneidebretts an sich können Sie mit dem Schleifpapier etwas abrunden.

➢ Beim Finishen sollten Sie darauf achten, dass Sie natürliche Stoffe verwenden, wie beispielsweise Öl. Da das Brett mit Lebensmitteln in Verbindung kommt, eignen sich synthetische Stoffe nur bedingt.

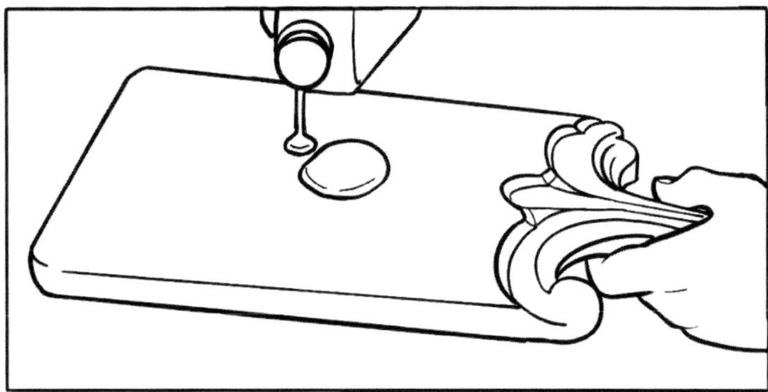

Schöne Schnitzideen für Zuhause

Um den eigenen Wohnungsbereich schöner zu gestalten, eignen sich die selbst geschnitzten Kunstwerke wunderbar. Nicht nur, dass man stolz seine eigens kreierten Schnitzereien präsentieren kann, der tolle Holzcharakter schafft auch eine wohnliche und gemütliche Atmosphäre. Zudem tragen unversiegelte Holzkunstwerke zu einem schönen Raumklima bei, da das Holz weiterhin atmen kann und ein Luftaustausch stattfindet. Manche Holzarten behalten auch ihren intensiven Geruch bei, sodass es im Raum wunderbar nach Wald riecht.

Seien Sie einfach kreativ und entwerfen Sie Ihr nächstes Dekoelement selbst, bevor Sie es im Geschäft kaufen. Wie wäre es beispielsweise mit einem schönen Regalbretthalter? Die Techniken haben Sie bereits in den vorherigen Kapiteln theoretisch und auch in vorangegangenen Projekten praktisch gelernt, trauen Sie sich einfach!

Oder vielleicht haben Sie bereits gemerkt, dass Ihnen die Reliefschnitzerei mit Verzierungen liegt. Fast in jedem Haushalt sind tolle Holzmöbel vorhanden, die nur darauf warten, von Ihnen verziert zu werden. Ob tolle Blumenmuster oder geometrische Muster aus der Kerbschnitzerei, schaffen Sie Ihr ganz persönliches Unikat.

Sie sind Katzen- oder Hundefan? Wie wäre es dann vielleicht mit einem tollen Türstopper in der Form Ihres Lieblings? Oder, falls Sie schon ein fortgeschrittener Holzschnitzer sind, mit dem Flachrelief des eigenen Tieres an der Wand?

Es gibt unzählige Möglichkeiten, Ihr Heim mit eigenen Schnitzideen zu verschönern. Lassen Sie Ihrer Fantasie freien Lauf und gestalten Sie Ihren Wohnbereich neu. Einige Ideen konnte Ihnen hoffentlich dieses Kapitel bereits liefern.

Exkurs: Schnitzen für Kinder

Den Ausflug mit der Familie in den Wald zu einem richtigen Erlebnis werden lassen? Kein Problem mit den richtigen Holzschnitzprojekten für die ganze Familie, denn auch für Kinder ist das Holzschnitzen durchaus geeignet. Es fördert die Konzentration und ist der perfekte Ausgleich zu Videospielen und Fernsehen. Außerdem kann man so den Kindern die Natur etwas näher bringen. In diesem Kapitel erfahren Sie, was Sie beim Holzschnitzen mit Kindern besonders beachten sollten. Sie erhalten außerdem einige Ideen und Tipps für Projekte sowie detaillierte Anleitungen zu diesen. Freuen Sie sich auf jede Menge Spaß für die ganze Familie und lassen Sie Ihr Kind die Natur einmal ganz anders erleben!

Sicherheitstipps

Möchten Sie Ihren Kindern das Holzschnitzen näherbringen, so ist es ratsam, einige kleinere Vorübungen mit den Kindern durchzuführen, um zu sehen, ob die Kinder bereits motorisch in der Lage sind, mit einem Schnitzmesser umzugehen. Dazu eignet sich besonders gut das Schnibbeln von Gemüse in der Küche. Natürlich sollte all dies stets unter Aufsicht geschehen. Können die Kinder bereits gut in der Küche mit dem Messer umgehen, sollten sie auch kein Problem mit dem Holzschnitzen haben. Des Weiteren kann zu Beginn mit weicheren Materialien geübt werden, bevor es ans Holz geht. Um ein Gefühl für das Schnitzen zu bekommen, eignen sich wunderbar verschiedene Obstsorten, wie z. B. ein Apfel oder eine Birne. Auch das Schnitzen eines Kürbisses an Halloween eignet sich besonders als Trockenübung für das Holzschnitzen.

Hat Ihr Kind die Vorübungen gut gemeistert, kann es nun an das Holzschnitzen gehen. Beachten Sie hierbei immer, dass das Hantieren mit scharfen Messern nie ungefährlich ist. Daher ist es besonders wichtig, einige **Regeln** aufzustellen und dem Kind einen verantwortlichen Umgang mit den Werkzeugen beizubringen.

- Es gibt spezielle Schnitzmesser für Kinder. Diese können ein- und ausgeklappt werden wie ein normales Taschenmesser. Das Schnitzmesser darf nur an einem vorgesehenen Platz ausgeklappt werden, dem Schnitzplatz. Wird dieser verlassen, so wird das Messer sofort wieder eingeklappt. Niemand verlässt den Platz mit einem ausgeklappten Messer in der Hand.
- Die Kinder müssen lernen, die Umgebung zu beobachten. Es wird immer Abstand zu anderen Personen gehalten, wenn geschnitzt wird. Läuft jemand zu nah vorbei, so wird das Schnitzen für einige Sekunden eingestellt, sodass beim Abrutschen das Messer nicht im Bein des Nachbarn landet.

- Eine der wichtigsten Regeln ist, dass immer vom Körper weggeschnitzt wird, sodass man sich beim Abrutschen nicht selbst verletzt.
- In die Rinde von lebenden Bäumen wird nicht geschnitzt. Es werden zudem keine Äste von Bäumen abgeschnitten und es wird nur Holz zum Schnitzen verwendet, das vom Boden aufgesammelt wurde.

Wer sich an diese Regeln nicht halten kann, für den ist das Hobby Holzschnitzen nicht geeignet!

Werkzeuge für Kinder

„Schnitzmesser für Kinder sollten nicht besonders scharf sein!", solche Sätze hört man immer wieder. Es hat sich jedoch in der Vergangenheit gezeigt, dass das größte Verletzungsrisiko beim Holzschnitzen durch stumpfe Klingen entsteht. Gleiten die Schnitzmesser nicht mehr gut durch das Holz, wird automatisch mehr Kraft aufgewendet. Die Gefahr, dass das Schnitzmesser dabei abrutscht und so nicht mehr kontrollierbar ist, ist sehr hoch. Daher dürfen Schnitzmesser für Kinder durchaus scharf sein. Dennoch muss man den Kindern bewusst machen, dass sie einen gefährlichen Gegenstand in der Hand halten, mit dem man sich verletzen kann.

Schnitzmesser für Kinder haben oft einen kleineren Griff, der mit einem rutschfesten Material beschichtet ist, um die Gefahr des Abrutschens zu minimieren. Zudem ist die Spitze abgerundet, sodass das Messer nicht aus Versehen im eigenen Bein oder in dem eines anderen landet. Zusätzlich gibt es ebenfalls von zahlreichen Herstellern schnittfeste Handschuhe für Kinder, so können kleinere Schnitte in den Finger ganz einfach verhindert werden.

Draußen zuhause: Was die Natur uns gibt

Zeit in der Natur zu verbringen, Freiheit zu spüren und neue Dinge zu entdecken, ist für Kinder heutzutage ein wahrer Segen. Im Zeitalter von Fernsehen, Handys, Tablet und Co. ist es eher selten geworden, dass Kinder Zeit draußen verbringen. Der Wald ist für die kleinen Entdecker der perfekte Spielplatz und wenn dann aus selbst gesammeltem Holz kleine Figuren, Zauberstäbe, Spazierstöcke und vieles mehr erschaffen werden, fangen die Kinderaugen zu leuchten an. Versuchen Sie es doch einmal selbst und schaffen Sie für die ganze Familie einen unvergesslichen Tag.

Wenn Sie im Wald auf der Suche nach geeigneten Hölzern sind, so eignen sich für die ersten Versuche Ihrer Kinder besonders gut das Grünholz, also frisches Holz z. B. des Haselnussstrauchs, da dieses besonders biegsam ist. Sie sollten sich generell bei der Auswahl des Holzes eher an die Weichholzarten halten (vgl. Tabelle im Kapitel „Der Werkstoff Holz"). Beachten Sie: Je frischer das Holz ist, desto leichter ist es in der Regel auch zu schnitzen. Hölzer, die beispielsweise schon länger liegen, sind härter und damit auch schwerer zu schnitzen.

Generell bieten sich jedoch auch getrocknete Holzarten zum Schnitzen für Kinder an. Halten Sie sich am besten an kurzfaserige Hölzer, bei denen sich die Rinde leicht vom Splintholz löst. Für den Anfang ist daher das Lindenholz zu bevorzugen. Das weiche und kurzfaserige Holz lässt sich wunderbar bearbeiten und ist dabei elastisch und auch beständig. Pappel, Birke und Eiche sowie einige Obstbaumarten können im weiteren Verlauf ebenfalls für Kinder geeignet sein.

Beginnen Sie doch zunächst einfach damit, Stöcke zu sammeln, und die Kinder können diese vielleicht für das anstehende Lagerfeuer mit Stockbrot am Abend anspitzen. So bekommen die Kleinen ein Gefühl für das Hantieren mit dem Messer und können gleichzeitig etwas erschaffen, was sie abends noch benutzen können: einen Stock zum Grillen des Stockbrots.

PROJEKTE FÜR KINDER

In diesem Kapitel werden Ihnen verschiedene Ideen vorgestellt, die Sie mit Ihren Kindern leicht umsetzen können. Für alle Projekte brauchen Sie lediglich ein gut ausgestattetes Taschenmesser. Ihr Kind sollte mit einem Schnitzmesser speziell für Kinder schnitzen.

Einen Zwerg schnitzen

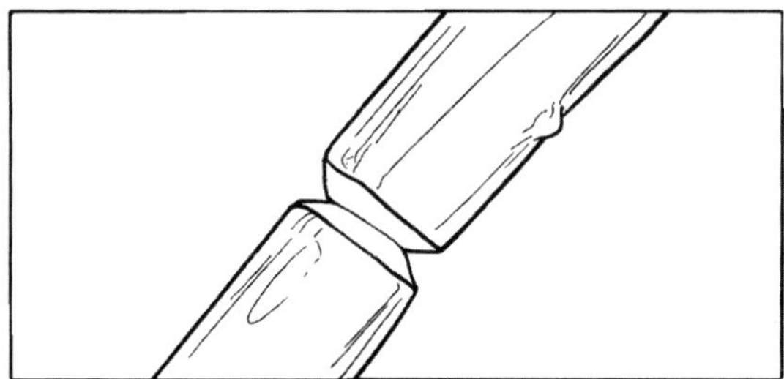

Um einen kleinen Zwerg zu schnitzen, benötigen Sie einen Ast, der ca. dreimal so lang ist wie Ihre Hand. Mit einer kleinen Taschenmessersäge können Sie den Ast auf die richtige Länge zuschneiden. Zeichnen Sie nun eine Linie in die Mitte des Astes. Mit der Säge wird der Ast einmal entlang dieser eingeritzt. Sägen Sie den Ast nicht durch, ziehen Sie die Säge lediglich einmal entlang der Linie durch das Holz, sodass ein kleiner Einschnitt entsteht. Die gesägte Kerbe wird nun mit einem Schnitzmesser vertieft.

Nun werden zwei neue Markierungen gesetzt. Als Abmessung können Sie die Breite Ihres Daumens verwenden. Zeichnen Sie im gleichen Abstand zur geschnitzten Kerbe zwei weitere Linien auf das Holz. An der zweiten Linie wird der Ast mithilfe der Säge abgeschnitten.

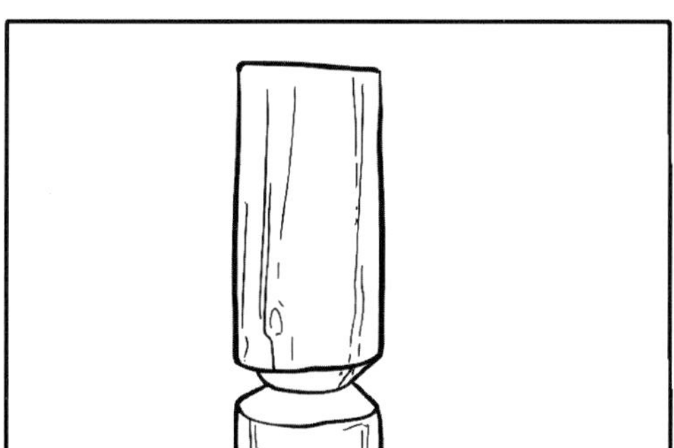

Nun wird der obere Teil des Astes bis zu der Markierung mit dem Schnitzmesser spitz zugeschnitzt.

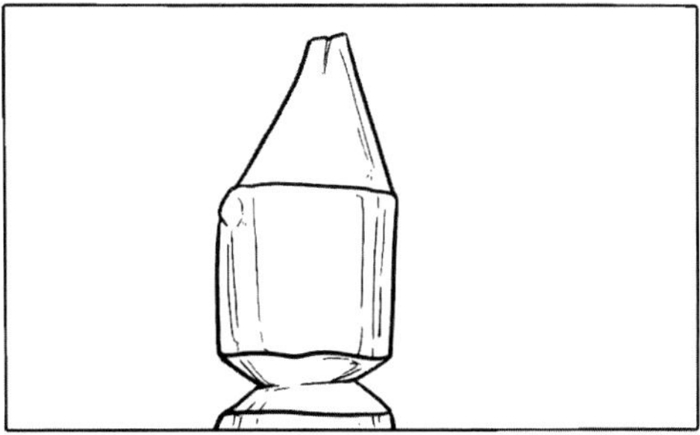

Anschließend wird an dem mittleren Teil die Rinde entfernt.

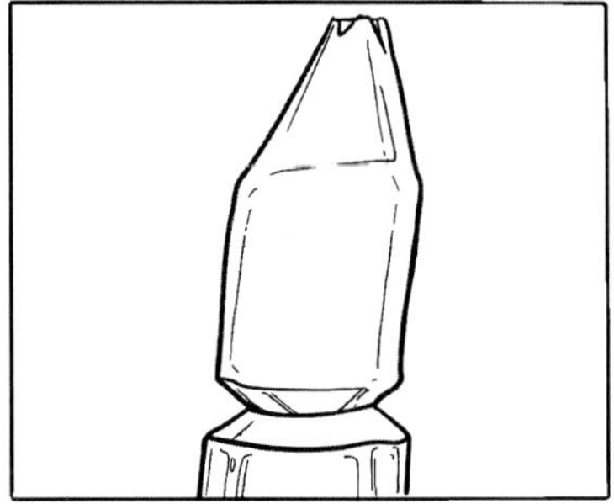

Nun kann der Zwerg auf eine beliebige Länge abgesägt werden. Es fehlt dann noch etwas Farbe für den Kleinen.

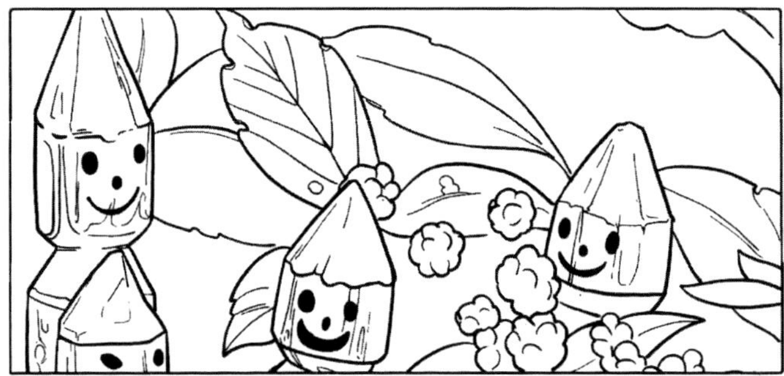

Die kleinen Zwerge machen sich wunderbar in Blumentöpfen, als Schlüsselanhänger, als Spielfiguren oder auch als Halskette. Der Fantasie sind keine Grenzen gesetzt.

Pfeil und Bogen schnitzen

Neben dem gut ausgestatteten Taschenmesser mit Säge benötigen Sie für einen selbstgebauten Bogen:

- einen Bindfaden oder eine Nylonschnur

Suchen Sie sich zunächst einen langen (1,5 bis 2 Meter und nicht dicker als 2 cm) Ast, der möglichst gerade ist. Aus diesem wird der Bogen hergestellt. Besonders gut eignen sich biegsame Hölzer wie Haselnuss, Esche, Weide oder Ulme. Sie benötigen außerdem mehrere kleine (50-70 cm) Äste, die später die Pfeile ergeben.

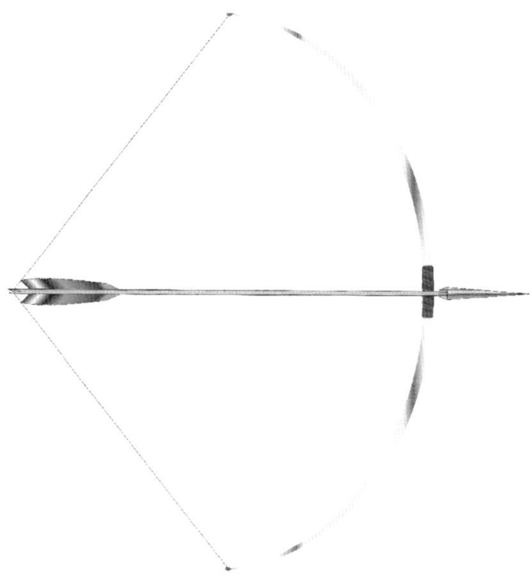

Haben Sie einen passenden Ast für den Bogen gefunden, so kann dieser nun bearbeitet werden. Bringen Sie den Ast zunächst auf die richtige Länge. Dabei gilt, dass der Ast ungefähr so lang sein sollte, wie das Kind groß ist. Die Rinde wird entfernt und der Ast wird an den Enden schmaler zugeschnitzt. In der Mitte sollte der Ast am dicksten sein. Aufgrund der natürlichen Wuchsform haben Sie also auf der einen Seite des Astes mehr Schnitzarbeit zu leisten als auf der anderen.

Anschließend schnitzen Sie zwei Kerben in 1-2 cm Entfernung zum Ende des Stockes. Benutzen Sie dazu eine Säge und vertiefen Sie die Kerben mit dem Schnitzmesser. Diese sollen später die Schnur an Ort und Stelle halten. Achten Sie darauf, dass Sie die Kerben aber auch nicht zu tief schnitzen, da der Bogen beim späteren Spannen sonst an diesen Stellen brechen könnte.

Die Schnur, also die Sehne des Bogens, sollte die Länge des Bogens haben. Aufgrund der Verknotung am oberen und unteren Ende des Astes kommt es dann bereits zu einer gewissen Grundspannung. Der Bogen ist damit fertig.

Für die Pfeile benötigen Sie kleinere Äste, die nicht dicker als 0,5 cm und möglichst gerade sein sollten. Auch von diesen wird die Rinde entfernt und sie werden an einer Seite zugespitzt. Der Pfeil erhält außerdem am hinteren Ende eine Kerbe in der Mitte des Astes, um die Sehne des Bogens dort einhängen und so leichter spannen zu können. Nach Belieben können Sie die Pfeile mit Federn oder Ähnlichem dekorieren.

Einen Spazierstock schnitzen

Für einen Spazierstock benötigen Sie Holz, das sich nicht so einfach biegen lässt. Daher eignet sich für dieses Projekt am besten Ahorn oder Kirsche. Reicht der Stock vom Boden bis unter die Achsel, so hat er die perfekte Länge für einen Spazierstock. Sie sollten diesen jedoch vor Beginn des Schnitzens auf seine Stabilität prüfen. Ein morscher Stock eignet sich natürlich weniger als Spazierstock.

Ist der Stock stabil, können Sie mit den Schnitzarbeiten beginnen. Die Rinde wird komplett entfernt. Auch kleinere Astgabelungen können so geglättet werden. Helfen Sie im Notfall Ihrem Kind dabei, diese zu entfernen, da hier ein größerer Kraftaufwand nötig ist.

Für die Gestaltung des Spazierstocks sind Ihrer und der Fantasie Ihres Kindes keine Grenzen gesetzt. Sie können den Stock beispielsweise mit einem abstrakten Muster verzieren oder schnitzen Sie doch den Namen der Person in den Ast. Auch ein Herz oder ein Unendlichkeitszeichen sind beliebte Verzierungen, die gut ankommen.

Schlüsselanhänger schnitzen

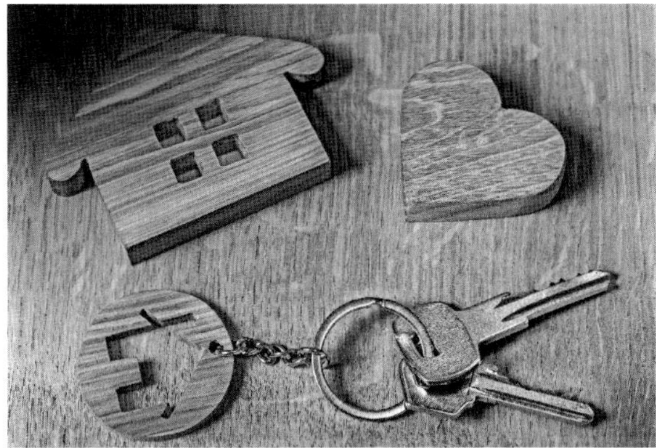

Kleine und einfache Figuren eignen sich besonders gut als Schlüsselanhänger. Ihrer Fantasie sind hierbei keine Grenzen gesetzt. Schnitzen Sie doch ein kleines Haus, ein Herz oder einen Fisch, der im Folgenden beschrieben wird. Um einen solchen Schlüsselanhänger herzustellen, benötigen Sie lediglich

- einen ca. 1,5 cm dicken Ast in einer Länge von 5-6 cm,
- ein Schnitzmesser,
- eine kleine Säge,
- einen kleinen Bohrer sowie
- ein kurzes Stück Kordel.

Um einen kleinen Fisch herzustellen, entfernen Sie zunächst die Rinde des Astes. Schnitzen Sie eine kleine Kerbe oder Vertiefung im hinteren Viertel des Astes. Das wird der Bereich, der die Schwanzflosse vom restlichen Körper trennt. Runden Sie dann den vorderen Bereich ab, sodass eine Ellipse entsteht, die den Körper des Fisches darstellt. In die Mitte des hinteren Bereichs schnitzen Sie ebenfalls eine Kerbe, sodass Sie zwei getrennte Schwanzflossen erhalten. Die äußere Form ist damit fertig. Nun können Sie kleine Ecken ausbessern und feinere Modellierungen vornehmen. Eine leichte Vertiefung zwischen Kopf und Körper lässt den Fisch beispielsweise plastischer wirken. Auch die Schuppen können Sie mithilfe des Schnitzmessers darstellen. Dies ist jedoch kein Muss.

Sind Sie mit dem Aussehen des Fisches zufrieden, bohren Sie nun ein kleines Loch von oben durch die Mitte des Fisches. Fädeln Sie den Kordel hindurch und verknoten Sie es im unteren Bereich. Fertig ist der kleine Fischschlüsselanhänger.

Bonus: 4 Jahreszeiten – Schnitzprojekte durch das ganze Jahr

Schnitzen ist kein Schönwetterhobby, kann man Holzschnitzen doch das ganze Jahr über. Zwar halten sich die Möglichkeiten, Ausflüge mit der Familie mit kleinen Schnitzprojekten zu verbinden, eher in Grenzen, es kann aber auch einmal schön sein, im Winter vor dem Kamin in der eigenen kleinen Werkstatt seinem Hobby nachzugehen. Um auch die richtigen Ideen für die entsprechenden Jahreszeiten zu bekommen, finden Sie in diesem Kapitel Schnitzprojekte für die unterschiedlichen Zeiten im Jahr. Schauen Sie doch einmal, ob für Sie etwas dabei ist.

FRÜHLING

Was verbindet man mit dem Frühling? Natürlich die Osterzeit. Wie wäre es also, wenn Sie für dieses Jahr Ihre eigene Osterdekoration herstellen? Die Ostereier mal nicht ausblasen und bemalen, sondern aus Holz schnitzen. Und auch die kleinen Hasenfiguren, die dekorativ vor Ihrer Eingangstüre stehen, haben Sie selbst in Handarbeit hergestellt. Die Anleitung dafür finden Sie hier:

Ostereier schnitzen

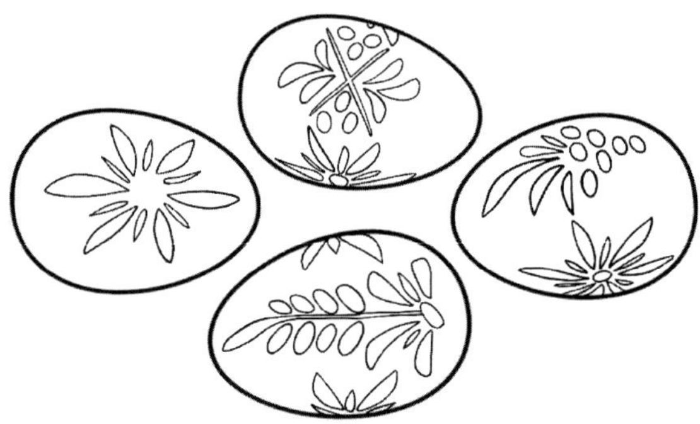

Um Ostereier herzustellen, können Sie sich einfach im Wald einen etwas dickeren Stock suchen. Es eignet sich z. B. ein Birkenstock, auch Haselnuss oder andere Holzarten sind gut geeignet. Da Sie für dieses Projekt Grünholz verwenden, kommen auch härtere Holzarten für dieses Projekt in Frage.

Sie benötigen für dieses Projekt:

- ein Schnitzmesser
- einen dickeren Stock (Grünholz)
- eine kleine Säge
- Farben zum Verzieren

Anleitung:

➢ Möchten Sie kleine Figuren, Ostereier oder Ähnliches schnitzen, ist es immer einfacher, diese an einem langen Stock zu belassen, bis die Figuren fertig sind. Sie können so den Ast besser halten und minimieren die Gefahr, sich in den Finger zu schnitzen. Deshalb starten Sie an dem einen Ende des Stockes.

➢ Sie beginnen damit, die Rinde zu entfernen. Nutzen Sie den drückenden Schnitt, um eine Rundung am Ende des Stockes zu schaffen.

➢ Um die Rundung am unteren Ende herauszuarbeiten, nutzen Sie den Kerbschnitt. Sie erzeugen damit eine Kerbe rund um den Stock. Nun vergrößern Sie diese, indem Sie sie von beiden Seiten vertiefen. Dazu können Sie ebenfalls wieder den drückenden Schnitt verwenden.

➢ Sind Sie mit der Form des Eis zufrieden, können Sie die Kerbe so weit vertiefen, bis das Osterei schließlich vom restlichen Stock abbricht.

➢ Mit Schleifpapier können Sie das Osterei nachbearbeiten und im Anschluss können Sie es je nach Belieben mit Farben verzieren.

➢ Fortgeschrittenere Holzschnitzer können das Osterei auch mit weiteren Schnitzereien verzieren.

SOMMER

Was eignet sich im Sommer besser zum Schnitzen als Blumenmotive? Blumen kann man in allen Formen und Schwierigkeitsgraden schnitzen. Soll es vielleicht ein einfaches Flachrelief eines Gänseblümchens sein oder doch eher ein plastisches Edelweiß für fortgeschrittenere Schnitzer? Im Folgenden finden Sie einige Anregungen, passend zum Thema Sommer und Blumen.

Blumen als Flachrelief schnitzen (für Anfänger)

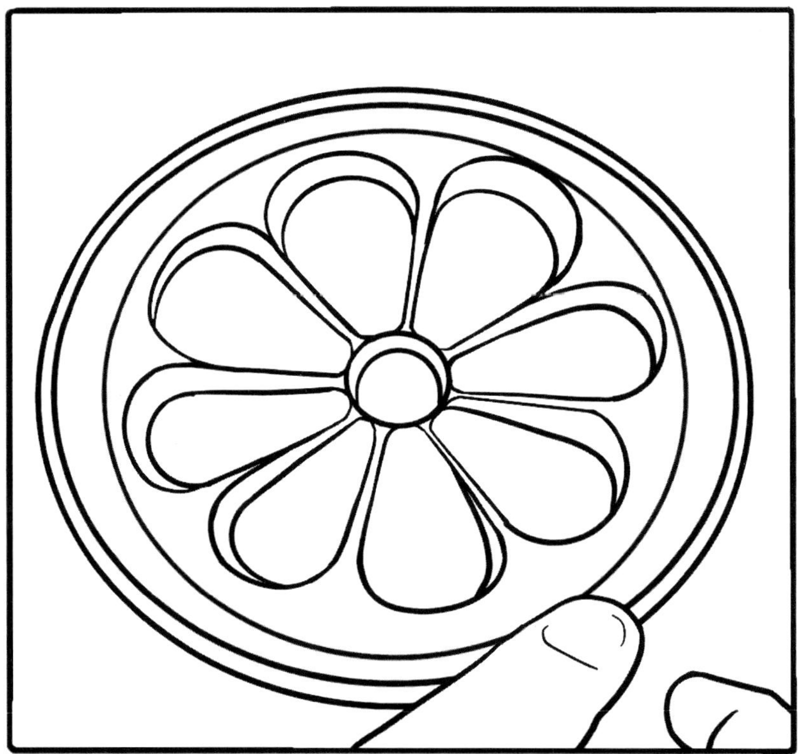

Ein recht einfaches Projekt ist das Schnitzen einer einfachen Blüte in Form eines Flachreliefs. Dabei können Sie Ihrer Fantasie freien Lauf lassen. Seien Sie kreativ und entwerfen Sie Ihre eigene Blüte.

Für dieses Projekt benötigen Sie:

- ein Schnitzmesser
- einen Bleistift
- ein Lineal
- evtl. einen Zirkel
- einen Geißfuß
- einen kleinen Holzblock (vorzugsweise Lindenholz)
- Schleifpapier

Anleitung:

➢ Das Blütenmotiv wird auf die Oberfläche des Holzblockes übertragen. Nutzen Sie dazu, falls es sich um eine geometrische Blüte handelt, Lineal und Zirkel.

➢ Überlegen Sie sich zunächst, welche Bereiche Sie aus dem Holz herausarbeiten möchten. Soll die Blüte an sich herausgearbeitet werden oder soll diese plastisch hervorstechen und der Hintergrund herausgearbeitet werden?

➢ In diesem Beispielprojekt wird der Hintergrund herausgearbeitet, daher fahren Sie zunächst alle Linien mit dem Geißfuß nach.

➢ Mit dem Schnitzmesser werden die scharfen Kanten, die durch den Geißfuß entstehen, geglättet und abgerundet und die Form der Blütenblätter wird herausgearbeitet.

➢ Lassen Sie in der Mitte der Blüte eine kleine Wölbung stehen, das lässt die Blüte am Ende plastischer erscheinen. Auch in die Blütenblätter können Sie kleine Wölbungen arbeiten.

➢ Mit Schleifpapier können Sie die fertige Blüte nachbearbeiten und so alle Ecken und Kanten entfernen.

Ein Edelweiß schnitzen (für Fortgeschrittene)

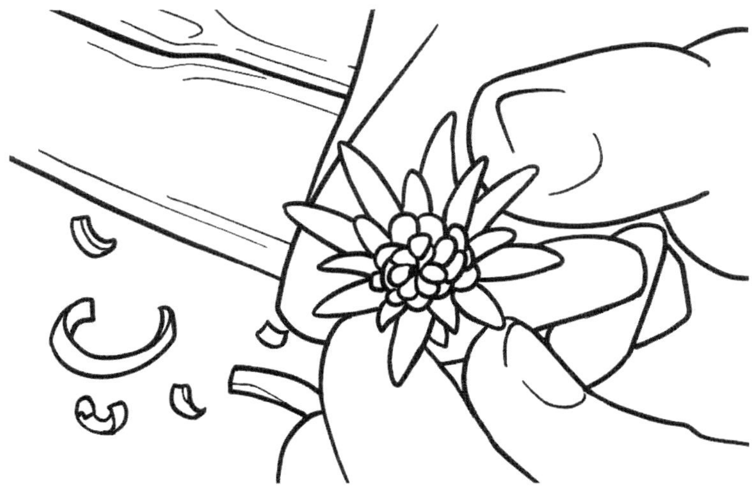

Die plastische Schnitzerei ist etwas anspruchsvoller als das Schnitzen von Flachreliefs. Man benötigt räumliches Vorstellungsvermögen und es ist schnell einmal an einer Stelle zu viel Holz weggenommen. Daher ist dieses Projekt zwar eines der einfacheren plastischen Schnitzprojekte, dennoch anspruchsvoller als die Blüte im Flachrelief.

Sie benötigen für dieses Projekt:

- ein längliches Stück Holz
- ein Schnitzmesser

Anleitung:

➢ Mit dem Schnitzmesser bearbeiten Sie zunächst das Ende des Holzstücks, sodass Sie ein rundes Stück Holz erhalten. Haben Sie das eine Ende dahingehend bearbeitet, drehen Sie das Holzstück einmal um und schnitzen auch dieses Ende rund, sodass Sie ein durchgehend rundes Stück Holz erhalten. Das obere Ende (Ende der Blüte) bleibt dabei etwas dicker.

➢ Nun nehmen Sie sich ein schmaleres Schnitzmesser zur Hand. Sie ziehen nun einmal die Blütenblätter nach, indem Sie ca. 0,5 cm unterhalb des dickeren Endes ansetzen. Ziehen Sie das Messer ca. 2 cm durch das Holz. Der entstehende Span wird nicht vom Holz entfernt, sondern verbleibt am Holzstiel. Das ist Ihr erstes Blütenblatt!

➢ Wiederholen Sie den Vorgang rund um den Stock.

➢ Nun werden die Blütenblätter geformt. Bringen Sie die abstehenden Späne in Form, sodass sie einem Blütenblatt ähneln. Spitzen Sie die Enden zu.

➢ Wiederholen Sie den Vorgang eine weitere Runde.

➢ In der nächsten Runde werden kürzere Späne geformt, indem Sie weiter unten am Stock ansetzen.

➢ Die nächste Runde Blütenblätter wird noch etwas kürzer.

➢ Sind Sie zufrieden mit der Anzahl der Blütenblätter, wird das verbleibende Holzstück in der Mitte entfernt.

➢ Nun widmen Sie sich dem Stiel, der noch etwas dünner und filigraner geschnitzt werden muss. Dabei können Sie den Bereich, der an die Blüte grenzt, etwas dicker lassen. Das verringert die Bruchgefahr und sieht realistisch aus.

➢ Auch hier können Sie einige Späne stehen lassen, welche dann die Blätter darstellen.

Herbst

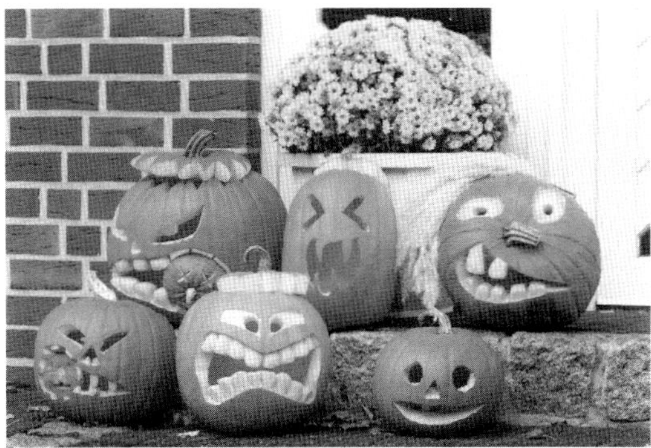

Durch welchen Feiertag zeichnet sich der Herbst besonders aus? Genau, Halloween. Daher wird für ein schönes Herbstprojekt nicht ein Holzschnitzprojekt, sondern das Kürbisschnitzen vorgeschlagen. Auch besonders gut für Kinder geeignet und gerade als Vorbereitung auf das richtige Holzschnitzen können Sie sich einmal am Aushüllen und Schnitzen von Kürbissen zu Halloween versuchen. Kreieren Sie eine furchteinflößende Fratze und verleihen Sie Ihrem Kürbis damit ein gruseliges Gesicht.

Halloweenkürbis schnitzen

Das benötigen Sie für dieses Projekt:

- Müllbeutel oder Plastikplane zum Unterlegen
- ein scharfes Messer
- einen Löffel
- einen Filzstift

Anleitung

➢ Zunächst muss der Deckel des Kürbisses entfernt werden. Dazu wird mit dem Messer rund um den grünen Stiel geschnitten. Ob rund, eckig oder vielleicht mit Zacken, das ist Ihrer Fantasie überlassen. Haben Sie überall ordentlich eingeschnitten, lässt sich der Deckel mit etwas Kraft entfernen.

➢ Nun muss der Inhalt des Kürbisses entfernt werden. Dazu benutzt man am besten einen Löffel. Kerne und Fasern müssen komplett entfernt werden. Zu viel Fruchtfleisch von der Wand zu entfernen, ist nicht ratsam, da der Kürbis zu instabil für das spätere Schnitzen werden könnte.

➢ Ist der Inhalt restlos entfernt, ist es an der Zeit, das Gesicht aufzuzeichnen. Ob mit Vorlage oder aus der eigenen Fantasie, spielt dabei keine Rolle.

➢ Nun wird mit dem Messer entlang der vorgezeichneten Linien geschnitten, um so langsam Teile der Kürbiswand zu entfernen. Schöne Effekte können erzielt werden, wenn die Schale entfernt wird, aber ein Teil der Wand stehen bleibt, z. B. im Bereich der Zähne.

➢ Nun fehlt nur noch ein Teelicht im Inneren des Kürbisses und der Deckel zum Verschließen und der Halloweenkürbis ist fertig.

WINTER

Weihnachtsfiguren schnitzen (für Fortgeschrittene)

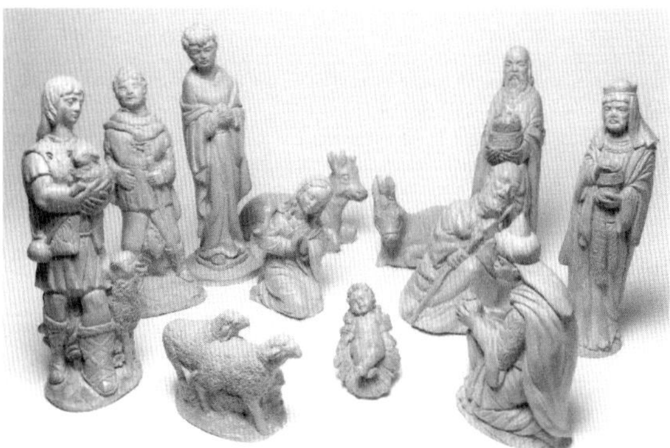

Gerade im Winter bietet es sich für die besinnliche Weihnachtszeit an, einige schöne Kunstwerke zu schnitzen. Ob als Geschenk oder zur Dekoration des eigenen Hauses, bleibt Ihnen überlassen. Besonders kleine Holzfiguren für die eigene Krippe sind ein echter Hingucker. Und nicht nur das, Figuren schnitzen können Sie ebenfalls über das ganze Jahr. Ist es keine Krippenfigur, dann vielleicht ein kleiner Gartenzwerg oder Tiermotive. Der Fantasie sind hierbei keine Grenzen gesetzt. Und das Tolle ist: Für die Weihnachtsschnitzerei benötigen Sie nicht viel.

Kleine Holzfiguren sind je nach Schwierigkeitsgrad und Detailreichtum nur bedingt für Anfänger geeignet. Es gibt im Handel bereits vorgefertigte Holzrohlinge, bei denen lediglich die Details ausgearbeitet werden müssen. Dennoch sind gerade die faltigen Gewänder sowie die Haare und das Gesicht bei den 10-20 cm großen Figuren als Anfänger schwer herauszuarbeiten und es braucht verschiedener Werkzeuge. Wenn Sie bereits über etwas Erfahrung im plastischen Schnitzen verfügen, so sind die kleinen Figuren eine tolle Herausforderung. Vorlagen finden Sie in verschiedenen Schwierigkeitsgraden im Internet. Anbei finden Sie eine Vorlage für Maria, Joseph und das Christuskind mit einem geringen bis mittleren Schwierigkeitsgrad:

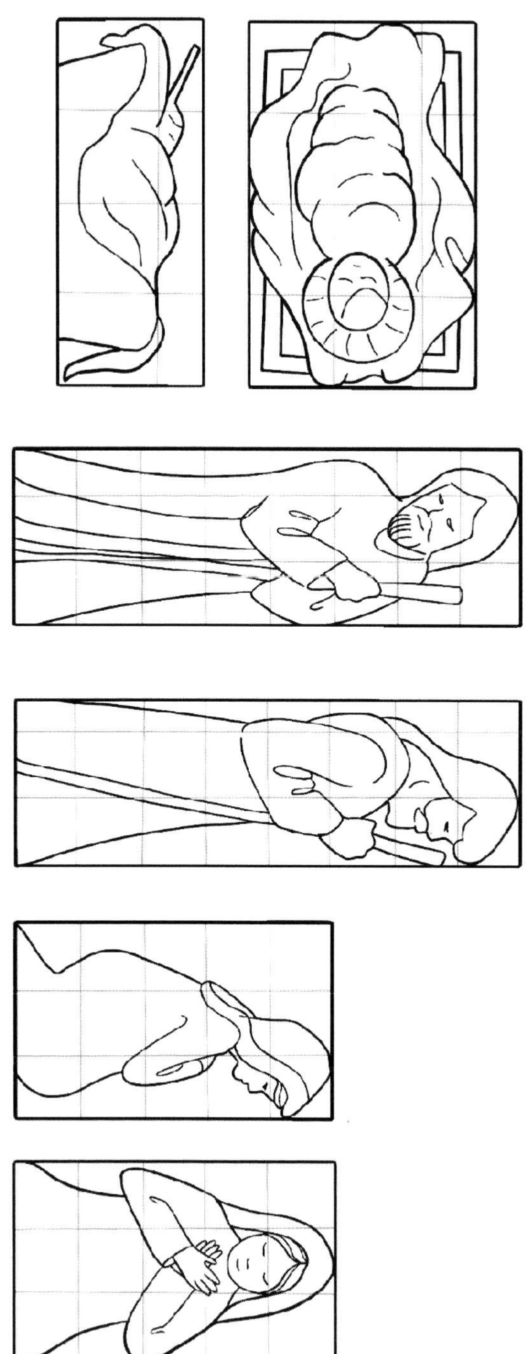

Folgende Werkzeuge benötigen Sie für das Projekt:

- einen Holzblock, vorzugsweise aus Lindenholz (auch andere Weichholzarten sind geeignet)
- Vorlagen von Maria, Joseph und dem Christkind
- einen Bleistift
- Schnitzwerkzeuge
- Kleber
- eine kleine Handsäge
- Schleifpapier
- einen Pinsel

Anleitung

➢ Das Motiv wird auf den Holzblock übertragen. Dazu können Sie das Motiv direkt mit dem Bleistift auf das Holz malen oder Sie kleben das ausgedruckte Motiv auf den Holzblock. Je mehr Perspektiven Sie von der Figur haben, desto leichter wird das Schnitzen.

➢ Zunächst wird die äußere Form der Figur bearbeitet. Da Sie hierfür immer wieder Holz wegnehmen, wird anschließend das Motiv erneut skizziert. Dazu können Sie Ihr Holz immer wieder mit der Vorlage vergleichen. Markieren Sie Bereiche, die entfernt werden können, und Bereiche, die stehen bleiben müssen. Holzspäne sollten Sie mit einem Pinsel entfernen oder Sie pusten sie weg, um nicht das Fett an Ihren Händen auf das Holz zu übertragen, wenn Sie mit der Hand die Späne entfernen.

➢ Sind Sie mit der Form Ihrer Figur zufrieden, können Sie bei Bedarf einzelne glattere Bereiche mit Schleifpapier nachbearbeiten.

Weihnachtsfiguren schnitzen (für Anfänger)

Auch wenn Sie bisher noch nicht über viel Schnitzerfahrung verfügen, können Sie dennoch tolle Dekorationen für Weihnachten herstellen. Diesen hübschen Deko-Stern stellen Sie mit einer Motorsäge her. Ja genau, auch mit einer Motorsäge kann man schnitzen! Sie sollten dafür am besten weiches Laubholz oder Nadelholz verwenden. Mit etwas Erfahrung können Sie später auch zu härteren Holzarten wechseln.

https://www.jungbluth-holz.de/figuren-schnitzen/

Sie benötigen für dieses Projekt:

- eine leichte Motorsäge, auch mit Akku möglich
- einen Baumstamm (ca. 30–40 cm)
- einen Spanngurt
- einen Sägebock
- ein Sternenmotiv
- einen Bleistift/Kreide
- Schleifpapier

Anleitung

➢ Übertragen Sie das Motiv auf den Baumstamm. Möchten Sie die Rinde erhalten, so eignet sich Kreide besser als Bleistift zum Übertragen des Motivs. Nun wird der Baumstamm auf dem Sägebock befestigt. Dazu nutzen Sie den Spanngurt.

➢ Nun starten Sie mit der Säge. Am einfachsten ist es, wenn Sie an dem Zacken starten, der nach oben zeigt. Setzen Sie dort zwei Längsschnitte entlang der Linien. Anschließend drehen Sie den Baumstamm und wiederholen den Schritt, bis Sie alle Längsschnitte gesetzt haben.

➢ Um nun die überschüssigen Holzpartien zu entfernen, sägen Sie am Ende der Längsschnitte in das Holz und entfernen so die Teile, die nicht zur Sternform gehören.

➢ Sind die Teile entfernt, können Sie den Stern noch einmal nacharbeiten, bevor Sie dann den Stern von dem Holzblock trennen.

An das Messer, fertig, los!

Dieses Buch bot Ihnen einen Einstieg in die Welt der Holzschnitzerei und sollte Ihnen aufzeigen, dass Holzschnitzen alles andere als alt und verstaubt ist. Mit viel Hingabe kann man sich selbst und Bekannten wunderschöne Unikate erschaffen. Durch die verschiedenen Techniken haben Sie gelernt, dass es nicht nur die plastische Holzschnitzerei gibt, sondern Sie nun auch Möbelstücke mit komplizierten Mustern verzieren oder ein tolles Flachrelief erschaffen können.

Schnitzen ist ein wunderbares Hobby, um seiner Kreativität freien Lauf zu lassen und der Natur und auch sich selbst ein Stück näherzukommen. Ich hoffe, meine Tipps und Anleitungen zu den einzelnen Projekten haben Ihnen gefallen und motivieren Sie immer wieder, etwas Neues zu erschaffen.

Damit wünsche ich Ihnen viel Spaß bei Ihren ersten Projekten und beschließe dieses Buch mit einem Zitat von Theodor Storm, der einmal sagte:

„Man muß sein Leben aus dem Holz schnitzen, das man hat,
und wenn es krumm und knorrig wäre.“

(Theodor Storm)